Schritte PLUS NEU 5+6 Niveau B1

Deutsch als Zweitsprache
Testtrainer

Kopiervorlagen

Dagmar Giersberg

Hueber Verlag

3. 2. 1. | Die letzten Ziffern
2022 21 20 19 18 | bezeichnen Zahl und Jahr des Druckes.
Alle Drucke dieser Auflage können, da unverändert, nebeneinander benutzt werden.
1. Auflage

Umschlaggestaltung: Sieveking · Agentur für Kommunikation, München
Zeichnungen: Jörg Saupe, Düsseldorf
Layout und Satz: Sieveking · Agentur für Kommunikation, München
Verlagsredaktion: Dr. Isabel Buchwald-Wargenau, Leipzig, Jutta Orth-Chambah, Julia Lauber, Hueber Verlag, München
Druck und Bindung: Passavia Druckservice GmbH & Co. KG, Passau
Printed in Germany
ISBN 978-3-19-351085-3

Art. 530_23746_001_01

Inhalt

NAME: ____________________

Wörter

1 Ergänzen Sie.

a sprechen das Gespräch
b mutig ....
c (sich) ärgern ....
d gewinnen ....
e erleben ....
f überraschen ....
g melden ....
h berichten ....

...... /7 Punkte

Wörter

2 Verbinden Sie und schreiben Sie.

absperren – festnehmen – folgen – brechen – rufen – absagen

a die Polizei – b eine Straße – c einen Einbrecher – d einen Termin – e einer Einladung – f sich ein Bein

a die Polizei rufen
b ....
c ....
d ....
e ....
f ....

...... /5 Punkte

Wörter

3 Was passt nicht? Streichen Sie.

a der Trainer – ~~das Standesamt~~ – das Feld – das Tor
b die Meldung – der Artikel – der Bericht – die Stimme
c weg sein – sich wundern – fliehen – verschwinden
d die Daten – die Angabe – der Vorhang – die Information
e tief – lustig – verrückt – witzig

...... /4 Punkte

Grammatik

4 Ergänzen Sie in der richtigen Form.

Überraschung um Mitternacht – Polizei nimmt Einbrecher fest

Ein Einbrecher weckte (wecken) (a) in der Nacht zum Sonntag ein Ehepaar aus Lamdorf. Das Paar .... (schlafen) (b) im ersten Stock, als ein 40-jähriger Mann das Küchenfenster im Erdgeschoss mit einem Hammer .... (öffnen) (c). Das Ehepaar .... (hören) (d) das und .... (erschrecken) (e). Die beiden .... (bleiben) (f) im Bett, ... (rufen) (g) aber sofort mit dem Handy die Polizei. Als die Polizisten .... (kommen) (h), ... (wundern) (i) sie sich. Sie .... (finden) (j) den betrunkenen Einbrecher auf dem Küchenboden. Er hatte sich am kaputten Fenster verletzt und .... (bluten) (k) stark. Die Polizisten .... den Mann .... (festnehmen) (l) und .... (bringen) (m) ihn ins Krankenhaus.

...... /6 Punkte

Grammatik

5 Schreiben Sie Sätze mit *wenn – als*.

a immer – in ein Flugzeug – ich – steigen / für mich – das – aufregend sein
Immer wenn ich in ein Flugzeug steige, ist das für mich aufregend.

b jedes Mal – das Flugzeug – sein Ziel – erreichen / froh sein – ich
....

c im letzten Jahr – ich – in einen Italiener verliebt sein / ich – oft – nach Italien fliegen
....

d jedes Mal – ich – dich – sehen wollen / in ein Flugzeug – ich – steigen müssen
....

e wir – uns – das letzte Mal – treffen / ich – viel mutiger als früher – sein
....

...... */4 Punkte*

Grammatik

6 Was war vorher? Schreiben Sie Sätze.

a gestern: Maria spricht endlich mit ihrem Freund. vorher: Sie ruft oft vergeblich an.
Maria hat endlich mit ihrem Freund gesprochen. Sie hatte oft vergeblich angerufen.

b gestern: Lisa und Tim setzen sich im Kino in die erste Reihe.
vorher: Sie suchen zuerst einen Platz in der Mitte.
....
....

c gestern: Lukas verletzt sich.
vorher: Er fährt mit dem Motorroller über einen dicken Stein und stürzt.
....
....

d gestern: Der Hund beißt mich. vorher: Ich ärgere ihn.
....

...... */6 Punkte*

Kommunikation

7 Ergänzen Sie.

◆ Bitte schildern Sie den Unfall.

○ D e r U n f a l l i s t am Montag um 15 Uhr p a s s i e r t (a). Ich h _ _ _ _ g _ _ _ _ _ (b) das Auto geparkt und wollte aussteigen. Leider b _ _ _ _ _ _ _ ich das Fahrrad hinter mir n _ _ _ _ (c). Ich machte die Tür auf und z _ _ g _ _ _ _ _ _ _ Z _ _ _ (d) fuhr das Fahrrad an meinem Auto vorbei. U _ _ d _ _ _ _ (e) hat meine Tür das Rad berührt. Die Radfahrerin ist hingefallen.

...... */4 Punkte*

Kommunikation

8 Verbinden Sie.

a Ich war als Kind	sehr wehgetan, als ich auf einen Baum geklettert bin.
b Ich fand es als Kind	immer gut gefallen, wenn ich in der Natur war.
c Es hat mir	immer glücklich, wenn ich draußen spielen konnte.
d Meine Eltern hatten	aufregend, wenn ich im Wald spielen durfte.
e Ich habe mir einmal	manchmal Angst, wenn ich unterwegs war.

(a – immer glücklich, wenn ich draußen spielen konnte.)

...... */4 Punkte*

MEINE PUNKTE		...... */40 Punkte*
☺ *33 – 40 Punkte*	😐 *21 – 32 Punkte*	☹ *0 – 20 Punkte*

NAME: ____________________

Hören ◀)) 01

1 Richtig oder falsch? Kreuzen Sie an. Hören Sie die Nachrichten zweimal.

	richtig	falsch
a Man hört Nachrichten aus ganz Deutschland.	○	☒
b Der Autounfall ist tagsüber passiert.	○	○
c Es ist nicht sicher, ob Tiere der Grund für den Unfall waren.	○	○
d Ein Radfahrer ist am Samstag von einer Brücke gefallen.	○	○
e Fußgänger brachten den Mann ins Krankenhaus.	○	○
f Vielleicht war Öl auf der Straße die Ursache für den Unfall.	○	○
g Die Polizei hat einen Einbrecher verletzt.	○	○
h Der Einbrecher konnte mithilfe der Nachbarn fliehen.	○	○

.... */14 Punkte*

Lesen

2 Was ist richtig? Lesen Sie und kreuzen Sie an.

Untersuchung zeigt: Der Glaube an Glücksbringer hilft

Seit vielen Jahrhunderten glauben die Menschen an Glücksbringer. Viele Menschen tragen private Glücksbringer wie Fotos, Steine oder andere Gegenstände bei sich, die an etwas Positives erinnern. Außerdem stehen auch allgemeine Symbole für Glück: In Deutschland sind das zum Beispiel Hufeisen, Klee (mit vier Blättern) oder Schweine. Doch was können Glücksbringer? Halten sie Pech und Unglück fern? Helfen sie wirklich? Diese Fragen haben Psychologen der Universität Köln untersucht.

Das Ergebnis: Wer an einen Glücksbringer glaubt, dem hilft er tatsächlich. Dann können Glücksbringer nämlich positive Gefühle unterstützen. Wer an die positive Energie von Glücksbringern glaubt, ist oft davon überzeugt, dass schon alles gut gehen wird, und fühlt sich so sicherer. Dieses Gefühl der Sicherheit hilft bei schwierigen Aufgaben. So bringen Menschen, die einen Glücksbringer tragen und an ihn glauben, bessere Ergebnisse in Prüfungen oder im Sport.

a Private Glücksbringer sind Gegenstände, ○ die Jahrhunderte alt sind.
☒ bei denen man an etwas Positives denkt. ○ die allgemein als Glückssymbole gelten.

b Als Glücksbringer gelten in Deutschland ○ vor allem Tiere. ○ nur Tiere.
○ unter anderem bestimmte Tiere.

c Psychologen haben untersucht, ○ welche Glücksbringer besonders gut helfen.
○ ob Glücksbringer überhaupt helfen. ○ wo die Menschen ihre Glücksbringer tragen.

d Glückbringer helfen den Menschen, die ○ sonst negativ denken.
○ ihre Unsicherheit nicht zeigen. ○ an sie glauben.

e Wer an seinen Glücksbringer glaubt, ○ ist erfolgreicher.
○ kann andere überzeugen. ○ macht mehr Sport.

.... */8 Punkte*

Schreiben

3 Lesen Sie die Nachricht und antworten Sie.

Sehr geehrte Dame, sehr geehrter Herr,
vielen Dank für Ihre Schadensmeldung vom 17. August. Wir brauchen dafür noch einen Bericht.
Bitte schildern Sie uns den Unfall schriftlich so genau wie möglich.
Mit Dank und besten Grüßen, Dieter Sekurisa

~~Anrede~~ | vielen Dank für Nachricht | Unfall: 5. August, 18.30 Uhr | mit Kindern auf der Straße Ball spielen | auf dem Bürgersteig: junge Frau | versehentlich: Ball Richtung Bürgersteig schießen | Frau am Kopf treffen | Brille auf den Boden fallen | Frau nicht verletzt | aber: Brille kaputt | Schaden: 150 Euro | Gruß

Sehr geehrter Herr Sekurisa,
....
....
....
....
....
....
....
....
....

...... /11 Punkte

Sprechen

4 Was passt? Ordnen Sie zu.

~~als Glücksbringer~~ | beschützt mich | bringt mir Glück | dann nehme ich ihn immer mit | Ich glaube nicht an so etwas | Ich wünsche dir

a ◆ Ich habe immer einen Cent als Glücksbringer in der Geldbörse. Und du?
○ Ich habe keinen Glücksbringer. ....
◆ Das kannst du ja machen, wie du willst.

b ◆ Mein Glücksbringer .... vor Unfällen.
○ Oh, gut! ...., dass das stimmt.
◆ Danke. Das ist lieb.

c ◆ Dieser Stein .... in der Liebe.
Wenn ich eine Verabredung habe, ...
○ Ach, und warum hast du deine große Liebe immer noch nicht gefunden?

...... /5 Punkte

MEINE PUNKTE		...... /38 Punkte
☺ 31 – 38 Punkte	😐 20 – 30 Punkte	☹ 0 – 19 Punkte

NAME: ______________________

Wörter

1 Lösen Sie das Rätsel.

a zu Beginn
b eine Musikgruppe
c brutale Aktion
d das Gegenteil von *Zukunft*
e ein erfolgreicher Song
f jemand, der nicht gewinnt
g ein anderes Wort für *Witz*
h Fernsehen, Rundfunk, Internet
i eine beliebte Sängerin

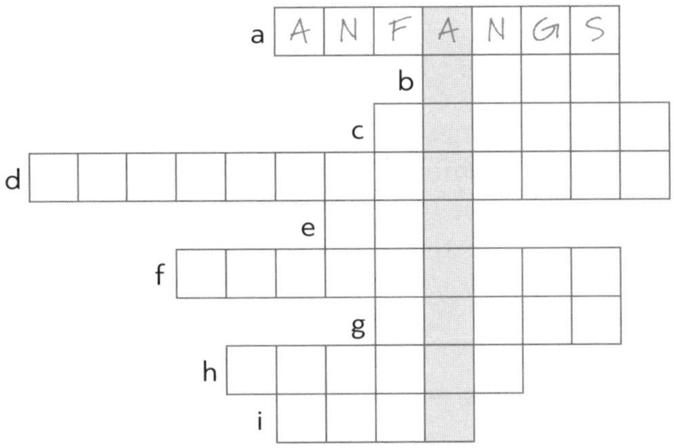

Lösungswort: A________

_____ /9 Punkte

Wörter

2 Was passt zusammen? Verbinden Sie.

a die Serie — die Folgen
b der Charakter
c die Operation
d Berlin
e das Ufer mit Sand
f die Kriminalgeschichte

das Krankenhaus
der Fall
die Großstadt
der Typ
die Folgen
der Strand

_____ /5 Punkte

Wörter

3 Was passt? Kreuzen Sie an.

a seine Heimat für ein Abenteuer	○ entstehen	☒ verlassen	○ veröffentlichen
b eine spannende Geschichte	○ handeln	○ gelingen	○ erfinden
c sich mit einem Thema genauer	○ beschäftigen	○ kritisieren	○ begleiten
d interessanten Menschen	○ spülen	○ begegnen	○ entstehen
e sich einen Wunsch	○ zustimmen	○ produzieren	○ erfüllen

_____ /4 Punkte

Wörter

4 Wie kann man das auch sagen? Ordnen Sie zu.

besonders ~~echt~~ total überhaupt ziemlich

a Ich finde die Serie besonders gut. / Sie ist *echt* gut. / Ich finde sie __________ gut.
b Die Geschichte ist wirklich spannend. / Die Geschichte wird __________ spannend erzählt.
c Die Hauptfigur ist nicht so sympathisch. / Die Hauptfigur ist mir nicht __________ sympathisch.
d Und du kennst die Serie gar nicht? / Du kennst sie __________ nicht?

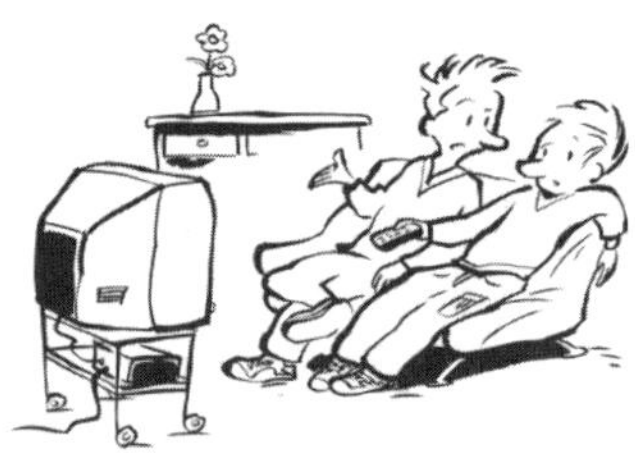

_____ /4 Punkte

Grammatik

5 Schreiben Sie Sätze mit *obwohl.*

a Pia guckt dauernd Krimis. Sie mag keine Gewalt.
Pia guckt dauernd Krimis, obwohl sie keine Gewalt mag.

b Sie findet Kriminalgeschichten toll. Sie kann kein Blut sehen.
....

c Am liebsten schaut sie „Tatort". Die Fälle sind nicht immer gut.
....

d Sie schaut die Krimis allein. Ihre Freunde laden sie oft ein.
....

e Manchmal hat sie Angst. Sie weiß, dass es nur ein Film ist.
....

...... /4 Punkte

Grammatik

6 Ordnen Sie zu.

das dem den denen der ~~die~~ die

◆ Ist das die Serie, die (a) du zwar immer kritisierst, aber trotzdem schaust?
○ Ja, klar! Und gleicht kommt der Typ, ... (b) nie etwas gelingt. Das ist so schlecht gemacht!
◆ Ich verstehe das nicht. Warum schaust du einen Film, über .... (c) du dich ärgerst?
○ Ich ärgere mich nicht. Ich finde es witzig, dass die Serie so schlecht gemacht ist! Gleich kommt die Hauptfigur, mit .... (d) ich am meisten Spaß habe.
◆ Und die Geschichte?
○ Es geht um alltägliche Dinge, ... (e) jedem passieren können. Aber das Verhältnis, ... (f) die Charaktere zueinander haben, ist witzig. Leider habe ich keine Freunde, mit .... (g) ich die Serie anschauen kann.

...... /6 Punkte

Kommunikation

7 Verbinden Sie.

a Meine Lieblingsserie wird	in der heutigen Zeit.
b Die Serie spielt	die Hauptfigur, die ziemlich verrückt ist.
c Die Serie handelt	in Berlin gedreht.
d Besonders lustig finde ich	vom Alltag in einem Büro.

...... /3 Punkte

Kommunikation

8 Ordnen Sie das Gespräch.

◯ Och, nein. Gewalt mag ich wirklich nicht. Ich würde lieber eine Liebesgeschichte gucken. Schön romantisch!
◯ Einverstanden. Das machen wir. Wie wäre es mit einer Komödie als Zeichentrickfilm?
◯ Da hast du völlig recht. Aber müssen wir immer so erwachsen sein?
① Hast du Lust auf einen spannenden Film? Einen Krimi, bei dem man viel Blut sieht?
◯ Herzschmerz? Muss das sein? Das ist doch langweilig. Dann lass uns doch eine Komödie gucken.
◯ Also, ich weiß nicht. Ist das nicht eher für Kinder?
◯ Gut, dann ...

...... /6 Punkte

MEINE PUNKTE		...... /41 Punkte
☺ 32 – 41 Punkte	😐 21 – 31 Punkte	☹ 0 – 20 Punkte

NAME: ____________________

Hören

◀)) 02

1 Was ist richtig? Kreuzen Sie an. Hören Sie den Vortrag zweimal.

a Die Serie „Vorstadtweiber“ spielt in ○ ganz Österreich. ○ einer deutschen Großstadt. ☒ Wien.
b Die Serie ist im Jahr 2015 gestartet und hat insgesamt ○ 10 ○ 30 ○ 100 Folgen.
c In der Serie geht es um ○ das alltägliche Leben von fünf schönen reichen Frauen. ○ das Verhältnis zwischen Frau und Mann. ○ die Freundschaft zwischen Geschäftsleuten.
d Die Hauptfiguren ○ sind sympathische Typen. ○ handeln oft sozial. ○ helfen vor allem sich selbst.
e Die Serie ist eine ○ ernste Kriminalgeschichte. ○ spannende Komödie. ○ romantische Liebesgeschichte.
f Das Beste an der Serie ist, dass die ○ Dialoge spannend ○ Szenen sehr lang ○ Schauspieler so gut sind.

.... */10 Punkte*

Lesen

2 Richtig oder falsch? Lesen Sie und kreuzen Sie an.

Hat das Fernsehen eine Zukunft?

Das Fernsehen ist seit Langem und auch aktuell sehr beliebt. Rund 610 Millionen Europäer nutzen mindestens einmal pro Woche das Fernsehen, im Durchschnitt sind es sogar drei Stunden und 55 Minuten pro Tag.
Doch das könnte sich in Zukunft ändern. Das ist zumindest das Ergebnis einer Untersuchung der Stiftung Medienanalyse. Laut der Untersuchung wird das Medium Fernsehen in Zukunft voraussichtlich stark an Bedeutung verlieren. Tatsächlich verändert sich die TV-Nutzung heute schon. Mit der Einführung des Privatfernsehens im Jahr 1984 stieg die Auswahl an Programmen deutlich – und damit auch der Fernsehkonsum allgemein. Doch in Zukunft wird die Zahl der Menschen größer und größer, die mit dem Computer aufgewachsen sind. Für sie spielt das Internet heute schon eine viel größere Rolle als das traditionelle Fernsehen. Laut der Stiftung Medienanalyse wird also die TV-Nutzung in Deutschland, Österreich und der Schweiz bei den 20- bis 59-Jährigen zurückgehen. Besonders groß ist die Veränderung in Deutschland und in der Schweiz. Dort soll die Nutzung um mehr als 20 Prozent abnehmen.

Die Fernsehsender reagieren bereits auf die für sie negativen Veränderungen. Sie bringen immer mehr Inhalte (Serien, Filme, Berichte, Nachrichten, ...) ins Netz und versuchen so, für die „Generation Computer“ interessant zu bleiben oder zu werden.

		richtig	falsch
a	Jeder Europäer sieht täglich über vier Stunden fern.	○	☒
b	Eine Untersuchung zeigt, dass das Fernsehen in den nächsten Jahren genauso beliebt bleibt.	○	○
c	Ab 1984 gab es viel mehr Fernsehprogramme.	○	○
d	Für jüngere Erwachsene ist das Fernsehen immer noch wichtiger als das Internet.	○	○
e	In Österreich wächst die Fernsehnutzung, in Deutschland und in der Schweiz geht sie zurück.	○	○
f	Die Fernsehsender begegnen dem Trend mit neuen Angeboten.	○	○

.... */5 Punkte*

Schreiben

3 Lesen Sie den Eintrag im Forum. Schreiben Sie einen eigenen Eintrag.

Filmtipps für Groß und Klein

Hi, ich suche einen lustigen, nicht zu spannenden Film. Freunde von mir organisieren jeden Freitag einen Filmabend und nun soll ich einen Film mitbringen. Aber ich habe keine Idee. Habt Ihr irgendwelche Tipps für mich? Welchen Film könnt Ihr empfehlen? Woher kommt der Film? Wann wurde er gedreht? Wann spielt er? Wovon handelt er? Welche Schauspieler spielen mit? Was gefällt Euch besonders gut? Ach ja: Brutale Filme mit viel Gewalt und Blut mögen wir nicht. Ich freue mich auf Eure Vorschläge.

Hallo, ich empfehle Dir den Film ……………………

……………………

……………………

……………………

……………………

……………………

……………………

……………………

……… /6 Punkte

Sprechen

4 Ordnen Sie zu.

~~Also, ich weiß nicht.~~ | Da hast du völlig recht. | Das Thema interessiert mich nicht so. | Einverstanden! | Habt ihr Lust auf …? | Ich bin auch dafür. | Ich finde das keine so gute Idee. | Ich möchte das wirklich nicht. | Ich würde lieber … | In Ordnung! | Lass uns das machen. | Lasst uns doch … | Nein, auf keinen Fall. | Wie wäre es wenn, …? | Wir könnten doch …

etwas vorschlagen	etwas ablehnen	zustimmen
…………	*Also, ich weiß nicht.*	…………
…………	…………	…………
…………	…………	…………
…………	…………	…………
…………	…………	…………

……… /7 Punkte

MEINE PUNKTE		……… /28 Punkte
☺ 23 – 28 Punkte	😐 15 – 22 Punkte	☹ 0 – 14 Punkte

NAME: ____________________

Wörter

1 Markieren Sie noch acht Wörter und ergänzen Sie mit *der – das – die*.

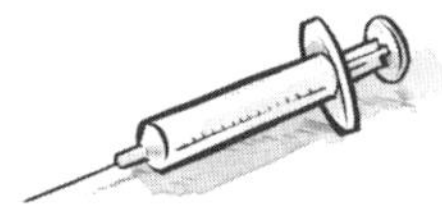

MAHWUSPRITZEVDTZWFXZVERBANDTSFZVYZMAGENTFX
WLABORSZTFUAYOIHWOFLKJQOSCHREIBBLOCKCGMRLT
KYKONFERENZIPCBZQUARKBLMÄAVITAMINOWUFETTGEP

die Spritze, ____________________

____

___ /8 Punkte

Wörter

2 Ordnen Sie zu.

ausreichend ~~erschöpft~~ extrem Fachmann Schlafmangel stressig umgehen Wirkung

- ◆ Du siehst erschöpft (a) aus. Hast du ______ (b)?
- ○ Ja, ich wache nachts dauernd auf. Das ist ______ (c) anstrengend.
- ◆ Hast du denn ______ (d) Bewegung? Das kann eine positive ______ (e) auf den Schlaf haben.
- ○ Ja, das kann sein. Im Moment ist mein Leben einfach sehr ______ (f). Ich kann nicht so gut mit Stress ______ (g). Das weißt du doch.
- ◆ Aber das kann man doch lernen! Sprich doch mal mit einem ______ (h)!

___ / 7 Punkte

Wörter

3 Wie kann man das auch sagen? Ergänzen Sie.

a Sport machen – Sport t r e i b e n
b im Gespräch überzeugen – ü _ _ _ r _ _ _ _
c Termine machen – Termine v _ _ _ _ _ _ _ _ _ _
d mit jemandem sprechen – ein Gespräch f _ _ _ _ _
e zwei Viertel – die H _ _ _ _
f Luft holen – a _ _ _ _
g nicht tief – f _ _ _ _
h auch – e _ _ _ f _ _ _ _

___ /7 Punkte

Grammatik

4 Ergänzen Sie in der richtigen Form.

a
- ◆ Ich habe starke Kopfschmerzen. Empfehlen Sie die Einnahme eines Schmerzmittels?
- ○ Ja, am besten sofort.
- ◆ Gut. Was wissen Sie über die Wirkung d___ Medikament___?

b
- ◆ Was soll ich für die Verbesserung mein___ Fitness tun?
- ○ Sie könnten zum Beispiel öfter schwimmen gehen – und zum Wohl Ihr___ Gesundheit ein paar Kilo abnehmen.
- ◆ Ach, Sie denken, dass ich Übergewicht habe? Und das soll der Rat ein___ Fachmann___ sein? Was ist denn bitte die Grundlage Ihr___ Ratschläge?

c
- ◆ Wann bekomme ich die Ergebnisse d___ Untersuchungen?
- ○ Ende d___ Monat___. Das Labor braucht leider viel Zeit.

___ /7 Punkte

Grammatik

5 Schreiben Sie die Sätze neu.

a Man sollte auf eine gesunde Ernährung achten.
Auf eine gesunde Ernährung sollte geachtet werden.

b Man muss regelmäßig den Blutdruck messen.
Der Blutdruck ....

c Man kann Blut am besten morgens abnehmen.
Blut ....

d Man darf dieses Medikament nicht verschreiben.
Dieses Medikament ....

e Man sollte alle Stressfaktoren ernst nehmen.
Alle Stressfaktoren ....

f Man kann Stress durch ausreichend Schlaf vermeiden.
Stress ....

.... / 5 Punkte

Kommunikation

6 Ordnen Sie zu.

~~Dagegen müssen Sie unbedingt etwas tun~~ | Ich würde an Ihrer Stelle | ich empfehle Ihnen | Kennen Sie vielleicht | Können Sie mir einen Rat geben | der soll wirklich helfen

a ◆ Ich habe immer wieder schlimme Schmerzen in der Schulter.
○ Dagegen müssen Sie unbedingt etwas tun!
◆ Ja, das möchte ich auch! .... ?
○ Gern. .... Yoga machen. Damit habe ich gute Erfahrungen gemacht.

b ◆ Ich habe Magenschmerzen. .... ein gutes Medikament?
○ Ich habe keine Ahnung von Schmerzmitteln. Aber .... Kamillentee.
◆ Ach?
○ Ja, ...

.... / 5 Punkte

Kommunikation

7 Ergänzen Sie.

Ⓐ Könnten Sie bitte Kaffee kaufen? Ich habe das leider heute nicht mehr geschafft. Danke!

Ⓑ Mein Tag ist heute leider total stressig. E__ w__ __ __ t__ __ __, w__ __ __ Du heute Abend für uns kochen könntest ... ♥♥♥

Ⓒ Ich habe morgen früh einen Arzttermin und komme etwas später. W__ __ __ __ S__ __ vie__ __ __ __ __ __ __ s__ n__ __ __ und würden die Heizung in meinem Büro anmachen? Danke!

Ⓓ Ich bin kurz in der Stadt und hole mir etwas zu essen. B__ __ __ __ s__ __ __ __ S__ __ s__ n__ __ __ und legen Sie die Briefe einfach auf meinen Schreibtisch.

.... / 3 Punkte

MEINE PUNKTE		.... / 42 Punkte
☺ 34 – 42 Punkte	😐 22 – 33 Punkte	☹ 0 – 21 Punkte

Schritte plus Neu 5+6, Testtrainer | 978-3-19-351085-3 | © 2018 Hueber Verlag

NAME: ______________________

Hören
🔊 03–07

1 Was ist richtig? Hören Sie und kreuzen Sie an. Hören Sie jede Nachricht zweimal.

a Das ist eine Krankmeldung. ☒ richtig ○ falsch
Simon Burg ○ war am Abend beim Arzt. ○ geht morgen zum Arzt. ☒ geht heute zum Arzt.

b Das ist eine Reaktion auf eine Krankmeldung. ○ richtig ○ falsch
Anja Kraus hofft, dass ihre Kollegin ○ von zu Hause arbeiten kann. ○ sich schnell meldet. ○ bald wieder gesund ist.

c Das ist eine Reaktion auf eine Bitte. ○ richtig ○ falsch
Herr Hilde soll Einladungen ○ kaufen. ○ vorbereiten. ○ verschicken.

d Das ist eine Krankmeldung. ○ richtig ○ falsch
Die Ware soll ○ gut kontrolliert ○ schnell geliefert ○ verpackt werden.

e Das ist eine Reaktion auf eine Krankmeldung. ○ richtig ○ falsch
Frau Steeger ist ○ bis morgen ○ eine Woche ○ 14 Tage krankgeschrieben.

...... /8 Punkte

Lesen

2 Welche Anzeige passt? Lesen Sie und ordnen Sie zu.

(A)
In der Ruhe liegt die Kraft
Neue Kurse zum Thema „Entspannung und neue Kräfte sammeln" – mit Yoga- und Atemübungen. 8 Wochen, jeweils mittwochs von 18 bis 20 Uhr. Weitere Informationen und Anmeldung unter info@AntiStressKurse.de

(B)
Erschöpft und gestresst?
Erleben Sie die positive Wirkung unserer Anti-Stress-Mittel und steigern Sie so Ihre Leistungsfähigkeit. Deutliche Verbesserungen schon kurze Zeit nach der Einnahme. Wir beraten Sie gern: in der Stern-Apotheke am Markt!

(C)
Auch Sie können schlafen! Unsere DVD ist ein Lernprogramm, das Sie Schritt für Schritt zum Erfolg führt. Sie lernen, wie Sie mit Schlafstörungen umgehen und wie Sie Ihren Schlaf aktiv verbessern können. Bestellen Sie die DVD noch heute! www.endlich-wieder-schlafen.de

(D)
„Kraft durch Atmen" –
Ein Vortrag für alle, die sich vom Stress verabschieden möchten! Am Montag, 15. Oktober, spricht die Psychologin Dr. Tina Bremer ab 20 Uhr im Großen Saal der Volkshochschule (Reuterstraße 46) über die positive Wirkung des Atmens. Der Eintritt ist frei.

(E)
Lauftreff in der Rheinaue
Wer sich wohlfühlen möchte, sollte auf ausreichend Bewegung achten. Versuchen Sie es doch mal: Wir joggen (bei jedem Wetter) dreimal in der Woche (Montag, Mittwoch und Freitag), jeweils morgens ab 7 Uhr. Treffpunkt: Bushaltestelle „Rheinaue".

	Anzeige
1 Sie möchten sich theoretisch über das Thema *Atmen* informieren.	D
2 Sie möchten sich mehr bewegen und an der frischen Luft sein.	......
3 Sie vermuten, dass Medikamente gegen Stress helfen.	......
4 Sie wachen regelmäßig nachts auf und leiden an Schlafmangel.	......
5 Sie suchen nach mehr Entspannung und möchten dazu praktische Hilfe.	......

...... /4 Punkte

Schreiben

3 Schreiben Sie eine Krankmeldung.

Sie sind krank und können nicht zur Arbeit kommen. Schreiben Sie eine E-Mail an Ihren Kollegen.
Schreiben Sie,
– dass es Ihnen leidtut.
– dass Sie nicht arbeiten können.
– wie lange Sie krankgeschrieben sind.
– was mit der Krankmeldung passiert.

Vergessen Sie auch die Anrede und den Gruß nicht.

Lieber Herr Hoch, ...

....

....

....

....

....

....

....

.... /5 Punkte

Sprechen

4 Ordnen Sie zu.

Das ist nämlich dringend | Darum werde ich mich kümmern | das mach ich doch gern | der nächste wichtige Punkt ist | ~~Zuerst sollte bitte der Abfalleimer geleert werden~~

◆ Wir haben viel zu tun, Leute! Zuerst sollte bitte der Abfalleimer geleert werden (a). Wer macht das?

○ .... (b).

◆ Gut. .... (c). Und jemand sollte die Fenster putzen.

▲ Klar, ... (d).

◆ Danke. Und .... (e), dass neue Blumen gekauft werden.

○ Kein Problem!

.... /4 Punkte

Sprechen

5 Was passt zusammen? Verbinden Sie.

a 50 % der Gruppe ... | Die meisten unserer Gruppe ...
b 75 % des Kurses ... | Ein Drittel von uns ...
c Ca. 33 % unseres Kurses ... | Drei Viertel der Gruppe ...
d 90 % von uns ... | Die Hälfte der Teilnehmer ...

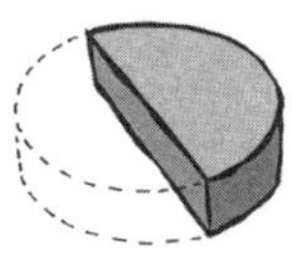

.... /3 Punkte

MEINE PUNKTE		.... /24 Punkte
☺ 19 – 24 Punkte	😐 13 – 18 Punkte	☹ 0 – 12 Punkte

NAME: ____________________

Wörter

1 Lösen Sie das Rätsel.

a aussuchen
b nicht die Wahrheit sagen
c notieren
d seltsam
e daher
f die Geldbörse
g laut kritisieren
h richtig

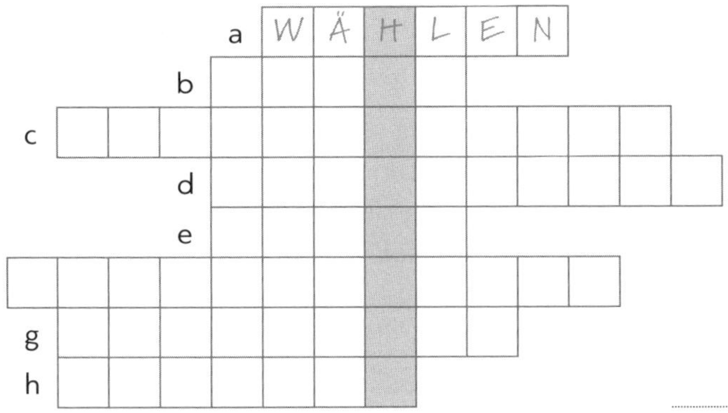

Lösungswort: H ____

____ / 8 Punkte

Wörter

2 Ordnen Sie zu.

~~leiden~~ mischen stammen übersetzen vergleichen verstecken

a unter Schlafmangel leiden
b einen französischen Text ins Deutsche ____
c ein Geschenk bis zum Geburtstag ____
d die Aussprache von zwei Deutschen ____
e Mehl und Zucker in einer Schüssel ____
f aus Polen ____

____ /5 Punkte

Wörter

3 Was passt nicht? Streichen Sie.

a das Erdgeschoss – ~~der Satz~~ – das Dach – der Keller
b die Schulter – der Rücken – die Stirn – die Eile
c die Mensa – der Autor – die Ärztin – der Mechaniker
d der Ausbildungsplatz – die Arbeitsstelle – der Präsident – das Praktikum

____ /3 Punkte

Grammatik

4 Ergänzen Sie: *weil – wegen – deswegen*.

◆ Ich stamme aus Griechenland und besuche den Integrationskurs, weil (a) ich in Deutschland leben und arbeiten möchte. ____ (b) möchte ich auch auf jeden Fall die Prüfung bestehen.
○ Ist Deutsch denn schwierig für dich?
◆ Na ja, ich finde Deutsch nicht ganz einfach. ____ (c) muss ich viel üben. Anfangs hatte ich vor allem Stress ____ (d) der Schrift.
○ Ach, stimmt – ____ (e) der anderen Zeichen! Ja, neue Buchstaben sind schwierig. Ich kenne das, ____ (f) ich mal Japanisch gelernt habe.

____ /5 Punkte

Grammatik

5 Ergänzen Sie, wenn nötig.

a ◆ Warum schimpfst du? ○ Wegen des Chaos – in deinem Zimmer.
b ◆ Warum hast du Angst? ○ Wegen mein____ Prüfung____ morgen.
c ◆ Warum kommst du so spät? ○ Wegen ein____ Stau____ in der Innenstadt.
d ◆ Warum lachst du? ○ Wegen dein____ Humor____.

____ /3 Punkte

Grammatik

6 Schreiben Sie Sätze mit *wenn*.

a ich mir ein Auto aussuchen können – ich einen Mercedes wählen
Wenn ich mir ein Auto aussuchen könnte, würde ich einen Mercedes wählen.
b du mehr lächeln – du sympathischer aussehen
Wenn …………………………………………………….
c ich mehr üben – meine Aussprache besser sein
Wenn …………………………………………………….
d wir mehr Zeit haben – wir noch eine Fremdsprache lernen
Wenn …………………………………………………….

…… /3 Punkte

Kommunikation

7 Ergänzen Sie.

a ◆ Können Sie mir vielleicht sagen, ob der Deutschkurs heute stattfindet?
○ Ja, der Kurs findet statt.
b ◆ D_ _ _ i_ _ d_ _ _ e_ _ _ _ fragen?
○ Ja, klar, was möchtest du denn wissen?
c ◆ Mein Name ist Olejniczak.
○ W_ _ w_ _ b_ _ _ _ Ihr Name?
d ◆ Der Junge lügt doch!
○ Entschuldigung, h_ _ _ i_ _ d_ _ r_ _ _ _ _ _ _ verstanden? Sie meinen, der Junge sagt nicht die Wahrheit?
e ◆ Das ist ein Geheimnis.
○ W_ _ m_ _ _ _ _ S_ _ m_ _ „Geheimnis"? Tut mir leid, d_ _ W_ _ _ h_ _ _ i_ _ n_ _ _ n_ _ gehört.

…… /5 Punkte

Kommunikation

8 Ordnen Sie zu.

Könntest du bitte langsamer sprechen | Könntest du das bitte wiederholen | Was meinst du damit | ~~Weißt du~~

a ◆ Kannst du mir sagen, was das Wort „halt" bedeutet? ○ Wie bitte?
◆ Weißt du, was „halt" bedeutet?
b ◆ Könntest du das bitte noch einmal sagen? ○ Wie bitte?
◆ ……………………………………?
c ◆ Hey, nicht so schnell! ○ Wie bitte?
◆ ……………………………………?
d ◆ Was bedeutet das? ○ Wie bitte?
◆ ……………………………………?

…… /3 Punkte

MEINE PUNKTE		…… /35 Punkte
☺ 29 – 35 Punkte	😐 18 – 28 Punkte	☹ 0 – 17 Punkte

NAME: ______________________

Hören 08

1 Richtig oder falsch? Hören Sie und kreuzen Sie an. Hören Sie das Gespräch zweimal.

		richtig	falsch
a	Tim ist auf dem Weg zu einem Kurs, in dem er Arabisch lernt.	☒	○
b	Das Lernen ist für ihn schwierig – wegen der Schrift und der Aussprache.	○	○
c	Tim lernt zu jeder Tageszeit gleich gut.	○	○
d	Er lernt leichter und auch schneller, wenn er sich dabei bewegt.	○	○
e	Für ihn haben auch Bilder eine positive Wirkung beim Lernen.	○	○
f	Am besten kann er denken, wenn er mit anderen zusammen lernt.	○	○

...... /10 Punkte

Lesen

2 Lesen Sie die Meinungen im Forum. Zu wem passen die Sätze? Ergänzen Sie.

Elternratgeber

HeikeB	Habt Ihr Erfahrungen mit Fachunterricht in einer Fremdsprache? In der Schule meines Sohnes wird das angeboten. Er kann wählen, ob er ab dem nächsten Schuljahr einige Fächer wie Geschichte oder Erdkunde auf Englisch haben möchte. Aber ich weiß nicht, ob das gut für mein Kind ist.
JuttaS	Meine Kinder sind auf einer deutschen Schule, aber sie haben beide auch zum Beispiel Geschichte auf Französisch. Ich finde das toll, aber meine Kinder wachsen auch zu Hause mit zwei Sprachen auf. Für Kinder, die Französisch als Fremdsprache lernen, ist das nicht so einfach. Aber sie lernen sehr viel dabei. Ich sehe das sehr positiv.
Dominik75	An unserer Schule gibt es dieses Angebot auch. Es ist wichtig, dass man Fremdsprachen möglichst viel benutzt. Darum finde ich es toll, wenn die Kinder diese Möglichkeit in der Schule bekommen. Aber Kinder und Jugendliche, die Probleme mit dem Sprachenlernen haben, sollten diese Möglichkeit lieber nicht wählen.
IngoK	An meiner Schule gab es in einigen Fächern auch Unterricht auf Französisch. Zum Beispiel in Geografie. Für mich war das stressig. Ich habe mich für das Fach interessiert, sprach aber nicht so gut Französisch. Deswegen konnte ich nicht alles so gut sagen oder schreiben wie auf Deutsch. Das hat mich geärgert. Aber das war auch eine Motivation, mehr Französisch zu lernen. Am Ende des Schuljahrs war meine Französischnote viel besser. ☺
SandraS	Ich finde solche Angebote nicht gut. Die Schüler sollen erst einmal lernen, richtig gut mit ihrer Muttersprache umzugehen. Es ist wichtig, dass sie auf Deutsch wichtige Wörter aus den Bereichen Erdkunde und Geschichte lernen. Darum lehne ich den Fachunterricht in einer Fremdsprache für meinen Sohn und meine Tochter ab.

a Dominik75: Für mich ist es wichtig, dass man so viel wie möglich mit der Fremdsprache macht.
b ....: Ich fand den Fachunterricht in der Fremdsprache anstrengend.
c ....: Für Kinder, die auch zu Hause zwei Sprachen sprechen, ist das super.
d ....: Es kann auf die Nerven gehen, wenn man nicht sagen kann, was man will.
e ....: Am allerwichtigsten ist, wie die Kinder ihre Muttersprache benutzen.
f ....: Ich würde dieses Angebot nicht für meine Kinder aussuchen.
g ....: Ich sehe bei diesem Angebot vor allem gute Seiten.
h ....: Das Angebot sollte man nur wählen, wenn man leicht Sprachen lernt.

...... /7 Punkte

Schreiben

3 Schreiben Sie einen Beitrag für das Forum.

Mein Deutschkurs: Aufgabe der Woche

Welche Sprachkenntnisse haben Sie? Welche Fremdsprachen sprechen Sie? Wo und wie lange haben Sie sie gelernt?

~~vier Sprachen sprechen~~ | Muttersprache: Griechisch | Englisch: fließend sprechen; sechs Jahre in der Schule | ein Jahr in den USA gelebt haben | Spanisch: gute Kenntnisse; drei Jahre in der Schule | Deutsch: ein bisschen; seit zehn Monaten in Integrationskurs

Ich spreche vier Sprachen.

.... /8 Punkte

Sprechen

4 Was passt? Kreuzen Sie an.

a ◆ ☒ Entschuldigung, darf ich Sie kurz etwas fragen?
○ Entschuldigung, habe ich das richtig verstanden?
● Sicher. Wie kann ich Ihnen helfen?

b ◆ ○ Was bedeutet „Bedienungsanleitung"?
○ Wie war bitte Ihr Name?
● Tut mir leid, das Wort habe ich noch nie gehört.

c ◆ ○ Was meinen Sie mit „andererseits"?
○ Könnten Sie bitte langsamer sprechen?
● Oh, Entschuldigung. Natürlich!

d ◆ ○ Entschuldigung, habe ich das richtig verstanden? Der Kurs fällt heute aus?
○ Wissen Sie, ob der Kurs heute stattfindet?
● Ja, genau. Ihre Lehrerin ist krank.

e ◆ ○ Könnten Sie das bitte wiederholen? ○ Was meinen Sie mit diesem Satz?
● Ja, gern! Ich habe gesagt, dass ...

f ◆ ○ Entschuldigung, darf ich Sie kurz etwas fragen? ○ Entschuldigung, wie war Ihr Name?
● Kowalski, Simon Kowalski.

.... /5 Punkte

MEINE PUNKTE		.... /30 Punkte
☺ 25 – 30 Punkte	😐 16 – 24 Punkte	☹ 0 – 15 Punkte

NAME: ____________________

Wörter

1 Ergänzen Sie.

◆ Und, was machst du jetzt beruflich?
○ Ich arbeite als Maler, aber leider hat unsere Firma im Winter zu wenig A u f t r ä g e (a) und es gibt viel K ___ (b). Darum jobbe ich n ___ (c) als Hausmeister.
◆ Ist das nicht stressig?
○ Ach, es geht. Ich bin für insgesamt zehn Häuser z ___ (d). Die Arbeit als Hausmeister macht mir Spaß. Ich finde, das ist eine interessante T ___ (e) und ich k ___ mit den Bewohnern der Häuser gut z ___ (f).
◆ Braucht man dafür nicht t ___ (g) Kenntnisse?
○ Klar, manchmal geht etwas im Haus kaputt. Dann e ___ (h) die Hausbewohner, dass ich alles schnell repariere.

___ /7 Punkte

Wörter

2 Was passt? Kreuzen Sie an.

a Wer Schauspieler werden will, braucht vor allem ○ Verantwortung. ☒ Talent. ○ Vorteile.
b Für eine Tätigkeit als Übersetzerin sind perfekte Fremdsprachenkenntnisse eine wichtige ○ Fortbildung. ○ Aufgabe. ○ Voraussetzung.
c Zu den Bewerbungsunterlagen gehört unter anderem ein ○ Lebenslauf. ○ Spiegel. ○ Ausbildungsplatz.
d Von einer Verkäuferin werden Erfahrungen im ○ Tierpark ○ Handel ○ Zeitpunkt erwartet.
e Zu den Aufgaben von Serviceangestellten gehört die ○ Unterstützung ○ Konkurrenz ○ Leistung des Küchenpersonals.

___ /4 Punkte

Wörter

3 Wie kann man das auch sagen? Ordnen Sie zu.

aufhören | feststellen | genügen | herstellen | ~~jobben~~ | überlegen

a arbeiten *jobben*
b ausreichen ___
c nicht mehr tun ___
d merken ___
e nachdenken ___
f produzieren ___

___ /5 Punkte

Grammatik

4 Schreiben Sie Sätze mit *zu*.

a daran Interesse haben – neue Erfahrungen sammeln
Ich *habe Interesse daran, neue Erfahrungen zu sammeln.*
b sich gut vorstellen können – etwas Neues anfangen
Ich ___
c toll sein – Menschen helfen
Es ___
d vielleicht bald anfangen – Bewerbungen schreiben
Ich ___
e es gewohnt sein – neue Tätigkeiten ausprobieren
Ich ___

___ /4 Punkte

Grammatik

5 Ergänzen Sie: *zu* oder –.

◆ Hast du Lust, mir zu (a) helfen? Ich muss meinen Lebenslauf ____ (b) schreiben.
○ Ja, klar! Ich kann dir gern ____ (c) helfen. Hast du denn schon angefangen, die Informationen ____ (d) sammeln?
◆ Ja, ich habe auch schon versucht, sie ____ (e) ordnen. Aber ich hatte noch keine Zeit, richtig darüber nach____denken (f). Ich würde auch gern ____ (g) sehen, wie dein Lebenslauf aussieht. Geht das?

____ /6 Punkte

Grammatik

6 Ergänzen Sie in der richtigen Form: *während – außerhalb – innerhalb.*

a Schon während mein*er* Ausbildung habe ich sehr gern Kunden beraten.
b Ich habe auch kein Problem damit, für eine Beratung ________ d____ normalen Geschäftszeiten zu arbeiten.
c Manchmal stellt man ________ d____ Gesprächs fest, dass es doch mehr Fragen gibt, als man dachte.
d Man kann nicht immer alles ________ ein____ Stunde klären.
e Ich finde es spannend, ________ d____ Beratung festzustellen, wie unterschiedlich die Menschen denken.

____ /4 Punkte

Kommunikation

7 Ordnen Sie zu.

Ich bin das doch gewohnt | Ich muss einen Kollegen vertreten | Ist es nicht total anstrengend | Hast du noch nie daran gedacht | ~~Noch immer so viel los~~

◆ Na, wie läuft's denn so im Krankenhaus? Noch immer so viel los (a)?
○ Ja! Im Moment ist es stressig. ________ (b).
◆ ________ (c), die Stelle zu wechseln?
○ Nein, warum sollte ich?
◆ Na ja. ________ (d), dauernd nachts zu arbeiten?
○ Das ist nicht so schlimm. ________ (e).

____ /4 Punkte

Kommunikation

8 Ergänzen Sie.

◆ W i e l ä u f t' s d e n n s o (a) mit der Jobsuche?
○ Es geht. I__ s____ i____ n____ e____ S______ (b) als Verkäufer. Ich lese Stellenanzeigen und schreibe Bewerbungen. Und i__ h____ im letzten Monat e__ P________ (c) bei einer großen Firma gemacht. Da w__ i__ im Lager t______ (d).
◆ I__ d__ n____ (e) langweilig?
○ Nein! Hör mal: Ich war total froh, überhaupt einen Praktikumsplatz zu haben. ...
Oh! I__ m____ j______ l______ l__ (f).
◆ Ja, dann tschüs. Es war schön, d____ m____ w______ z__ s______ (g).

____ /6 Punkte

MEINE PUNKTE		____ /40 Punkte
☺ 33 – 40 Punkte	😐 21 – 32 Punkte	☹ 0 – 20 Punkte

NAME: ________________

Hören
🔊 09

1 Was ist richtig? Kreuzen Sie an. Hören Sie das Gespräch zweimal.

a Herr Branković hat auf ○ eine Anzeige in einer Zeitung ☒ eine Online-Stellenanzeige ○ einen Anruf geantwortet.

b Die Ausbildung von Herrn Branković ist ○ fast zu Ende. ○ schon lange abgeschlossen. ○ seit ein paar Tagen beendet.

c Er sagt, dass er ○ in der neuen Firma seine Ausbildung zu Ende machen ○ möglichst schnell Geld verdienen ○ noch weiterlernen möchte.

d Er hat ○ während der Ausbildung ○ während der Schulzeit ○ nach der Ausbildung in Serbien gearbeitet.

e Er hat Lust, ○ mit einem bestimmten Material zu arbeiten. ○ mit vielen Kollegen zusammenzuarbeiten. ○ möglichst genau zu arbeiten.

f Er hat Interesse daran, ○ sich bei der Sekretärin zu melden. ○ seine Noten zu verbessern. ○ Frau Kolle und die Kollegen zu überzeugen.

g Die anderen Mitarbeiter ○ haben fast alle viel Berufserfahrung. ○ sind ungefähr so alt wie er. ○ arbeiten in zehn verschiedenen Abteilungen.

_____ */12 Punkte*

Lesen

2 Welche Stellenanzeige passt? Lesen Sie und ordnen Sie zu. Für eine Situation gibt es keine Lösung. Schreiben Sie dann X.

(A)
Wir suchen ab sofort zuverlässige Aushilfen (w/m) für unseren Supermarkt, die vor Öffnung des Ladens zwischen 6 und 8.30 Uhr Milchprodukte und Obst einräumen. Bei Interesse melden Sie sich im Markt bei Frau Schnabel.

(B)
Pizza-Service sucht flexible Fahrer/innen – mit Führerschein und eigenem Auto. Täglich zwischen 17 und 24 Uhr. Interesse? Melden Sie sich unter 0228 783 26 14.

(C)
4-Sterne-Hotel sucht für die Sommermonate engagierte Serviceangestellte (für Café und Restaurant). Schicken Sie Ihre Bewerbung an: LisaMeyer@hausamsee.de

(D)
Nettes Café
sucht freundliche Aushilfen für den Service sowie für unseren Lieferdienst (PKW-Führerschein ist Voraussetzung). Weitere Infos unter 0177 735 18 26.

(E)
Erfahrene, flexible Kassierer/innen
(Teilzeit – nachmittags/abends) für Bio-Markt gesucht. Wir bieten: angenehmes Arbeitsklima in einem netten jungen Team, 10 Euro pro Stunde. Weitere Infos unter www.dernettebiomarkt.de

		Anzeige
1	Frank sucht einen Job für Juli und August. Er hat schon in einem Restaurant auf einem Kreuzfahrtschiff gearbeitet.	C
2	Mia hat kein Auto, aber sie sucht einen Nebenjob, bei dem sie Auto fahren kann.	____
3	Sven möchte etwas Geld zusätzlich verdienen. Er sucht eine Stelle bei einem Lieferservice, der mit Radfahrern arbeitet.	____
4	Tanja hat in ihrer Heimat in einem Supermarkt gearbeitet. Sie kann nicht am Vormittag arbeiten.	____
5	Martin studiert und braucht einen Job, bei dem er abends arbeiten kann. Er ist mobil, weil seine Eltern ihm ein Auto geschenkt haben.	____
6	Nina hat bei der Arbeit nicht so gern Kontakt zu Kunden.	____

_____ */5 Punkte*

Schreiben

3 Schreiben Sie eine Bewerbung.

Wir suchen für unser Seniorenheim
zum nächstmöglichen Termin
einen Krankenpfleger /
eine Krankenschwester
in Teilzeit.
Bitte senden Sie Ihre Bewerbungsunterlagen an:
Seniorenresidenz am Wald, Frau Hilde Sommer

~~Anrede~~ | Anzeige gelesen: sich um die Stelle als Krankenpfleger bewerben | Unterlagen zeigen: nach Ausbildung zwei Jahre im Krankenhaus gearbeitet | Erfahrungen im Umgang mit älteren Patienten gesammelt | Spaß machen: selbstständig arbeiten | sich über eine Einladung freuen | Gruß

Sehr geehrte Frau Sommer,

....

....

....

....

....

....

....

....

....

....

...... /6 Punkte

Sprechen

4 Verbinden Sie.

a ◆ Und die Arbeit? Wie läuft's denn so in der Firma?
b ◆ Oh, dann ist also immer noch so viel los bei euch?
c ◆ Ist es nicht anstrengend, dauernd so viel zu arbeiten?
d ◆ Hast du schon mal überlegt, die Stelle zu wechseln?
e ◆ Was machst du noch mal genau in der Firma?

○ Ich bin für die Beratung der Kunden zuständig. Ich bin also viel unterwegs.
○ Danke. Ganz gut. Wir haben viel Arbeit! Aber das ist ja nicht neu.
○ Nein, die Arbeit ist interessant und ich komme mit den Kollegen gut zurecht.
○ Doch, klar! Ich mache auch nicht gern Überstunden.
○ Ja, zurzeit ist es stressig. Eine Kollegin ist krank und ich muss sie vertreten.

...... /4 Punkte

MEINE PUNKTE		...... /27 Punkte
☺ 22 – 27 Punkte	😐 14 – 21 Punkte	☹ 0 – 13 Punkte

NAME: ____________________

Wörter

1 Was passt zusammen? Verbinden Sie.

a die Jahres	anleitung
b das Wasch	creme
c die Zahn	zeit
d die Klima	weh
e die Bedienungs	mittel
f das Heim	anlage

____ /5 Punkte

Wörter

2 Verbinden Sie und schreiben Sie.

a ein Gerät im Laden — lösen — c ein finanzielles Risiko — gründen — b Anspruch auf etwas — f kranke Menschen — haben — betreuen — e eine Firma neu — eingehen — umtauschen — d ein Problem gemeinsam

a *ein Gerät im Laden umtauschen*

b ____________________

c ____________________

d ____________________

e ____________________

f ____________________

____ /5 Punkte

Wörter

3 Ordnen Sie zu.

ärgerlich | auffordern | ~~beschädigt~~ | enttäuschen | höchstens | jahrelang | umtauschen | zurückfordern

◆ Das Gerät ist ja *beschädigt* (a)! Wie __________ (b)!

○ Ja, ich habe es __________ (c) viermal benutzt!

◆ Aber das geht doch nicht. Ich benutze mein Radio schon __________ (d) und es funktioniert immer noch. Du solltest auf jeden Fall dein Geld __________ (e).

○ Oder ich muss die Firma __________ (f), mir ein Ersatzgerät zu schicken.

◆ Glaubst du, dass die Firma das Gerät kostenlos __________ (g) wird?

○ Ja, klar! Die wollen ihre Kunden doch nicht __________ (h)!

____ /7 Punkte

Grammatik

4 Was ist richtig? Kreuzen Sie an.

a	Man kann nicht mit Kollegen zusammenarbeiten,	☒ ohne	○ statt	Rücksicht zu nehmen.
b	Man kann wenig im Team entscheiden,	○ ohne	○ statt	Kompromisse einzugehen.
c	Man sollte lieber etwas ändern,	○ ohne	○ statt	nur zu reden.
d	Man sollte die neueste Software installieren,	○ ohne	○ statt	mit der alten zu arbeiten.
e	Man sollte sich Kritik in Ruhe anhören,	○ ohne	○ statt	sie persönlich zu nehmen.

____ /4 Punkte

Grammatik

5 Ergänzen Sie *es*, wenn nötig.

a ◆ Hallo, wie geht *es* dir?
○ Danke, gut! Ich mag nur nicht, wenn ...... dauernd schneit.
b ◆ Wie viel Uhr ist ...... denn?
○ ...... Viertel vor elf. ...... ist schon spät!
c ◆ Ich finde, dass ...... sich lohnt, die Preise im Internet zu vergleichen.
○ Ja, du hast ...... recht. Aber manchmal habe ich ...... keine Lust.

...... / 7 Punkte

Grammatik

6 Ergänzen Sie *um* oder *damit*.

a Yunis kauft Gewürze und andere Zutaten, *damit* er heute Abend kochen kann.
b Er kocht gern, ... seiner Familie eine Freude zu machen.
c Er kauft die Zutaten bei einem Freund, ... ihn zu unterstützen.
d Der Freund hat sich selbstständig gemacht, ... er sein eigener Chef ist.
e Yunis kommt oft in den Laden, ... er mit seinem Freund reden kann.

...... / 4 Punkte

Grammatik

7 Schreiben Sie die Sätze mit *damit* oder – wenn möglich – *um … zu*.

a Maria nimmt sich Zeit. Sie begrüßt ihre Kunden.
Maria nimmt sich Zeit, um ihre Kunden zu begrüßen.
b Sie hört gut zu. Sie möchte die Wünsche der Kunden genau verstehen.
......
c Sie macht verschiedene Vorschläge. Die Kunden haben eine Auswahl.
......
d Sie verkauft nur gute Produkte. Die Kunden sind zufrieden und kommen wieder.
......

...... /3 Punkte

Kommunikation

8 Ordnen Sie das Gespräch.

○ Normalerweise kostet es 250 Euro, im Moment jedoch nur 199 Euro.
① Haben Sie einen bestimmten Wunsch?
○ Hm. Das muss ich mir noch überlegen.
○ Ja, ich hätte gern ein neues Smartphone.
○ Es kommt darauf an, was es kostet.
○ Darf ich Ihnen das Singsam Stars B4 anbieten? Das ist unser Angebot der Woche.

...... /5 Punkte

Kommunikation

9 Ergänzen Sie.

◆ Es wäre schön, eine eigene Putzfirma zu haben.
○ A*n* d*einer* S*telle* (a) würde ich das Experiment machen. I...... k...... d...... aber n...... r...... (b), das Risiko genau zu prüfen. Der Wettbewerb ist groß. V...... d...... m...... (c) herauszufinden, was die Kunden besonders gut finden.
◆ W...... h...... d...... d...... (d), wenn wir eine Firma gründen?
○ Ähm, du meinst: wir beide?

...... /3 Punkte

MEINE PUNKTE		...... /43 Punkte
☺ 35 – 43 Punkte	😐 22 – 34 Punkte	☹ 0 – 21 Punkte

NAME: ________________

Hören 🔊 10

1 Wer sagt das? Kreuzen Sie an. Hören Sie das Gespräch zweimal.

	Moderator	Fr. Dr. Hahn	Hr. Kurz
a Die Arbeit macht nicht immer Spaß.	☒	○	○
b Es kann unzufrieden machen, wenn man seine Kompetenzen bei der Arbeit nicht gut nutzen kann.	○	○	○
c Gute kommunikative Fähigkeiten des Chefs haben eine positive Wirkung auf die Angestellten.	○	○	○
d Man ist zufriedener, wenn das Gehalt mehr als durchschnittlich ist.	○	○	○
e Toleranz spielt eine größere Rolle als die Höhe des Gehalts.	○	○	○
f Es gibt unterschiedliche Wege, die Arbeitsfreude zu erhöhen.	○	○	○

...... /10 Punkte

Lesen

2 Welche Überschriften passen? Lesen Sie und ordnen Sie zu. (Nicht alles passt.)

Berufliche Kommunikation trainieren | ~~Bewerbungstraining online~~ | Neue Perspektiven im Job | Werkstatt sucht neue Mitarbeiter | Originelle Geschäftsideen gesucht | Persönliche Beratung für Berufsanfänger | 10.000 Euro für gute Bewerbungsunterlagen

a *Bewerbungstraining online*

Die Initiative „Arbeit finden" bietet seit Anfang des Monats ein Bewerbungstraining per App an. „Unsere App hat den Namen *Bewirb Dich jetzt!* und wird schon gut genutzt. Wir haben in den ersten Wochen schon viele Beratungsgespräche per Chat durchgeführt und zahlreiche Bewerbungsunterlagen geprüft", erklärt der Leiter der Initiative, Hartmut Meinke, stolz.

b ....

Die Stiftung „Start-up Bonn" unterstützt junge Firmengründerinnen und -gründer mit einem neuen Wettbewerb für gute Ideen. Bis zum Jahresende können sie sich bei der Stiftung bewerben. Alle Teilnehmerinnen und Teilnehmer haben die Chance auf den Gewinn von 10.000 Euro. Bewerbungsformulare gibt es unter www.startupBonn.de/wettbewerb.

c ....

Die Volkshochschule Meckendorf bietet im Sommersemester neue Kurse im Bereich „Kompetenztraining" an. Im Kurs „Erfolgreich in Wort und Schrift" lernen die Teilnehmerinnen und Teilnehmer, wie sie ihre kommunikativen Fähigkeiten verbessern können und so ihre Chancen auf einen guten Start ins Berufsleben erhöhen. Das aktuelle Programm gibt es unter www.vhs-meckendorf.de.

d ....

Für alle, die sich beruflich verändern wollen und dafür Ideen brauchen, veranstaltet die „Werkstatt Berufsinfo neu" am Samstag, dem 15. Mai, einen kostenlosen Workshop. Hier kann man sich über neue Möglichkeiten und Chancen für die berufliche Zukunft informieren. Anmeldungen per E-Mail an info@Berufsinfo_neu.de.

...... /6 Punkte

Schreiben

3 Schreiben Sie eine Reklamation.

~~Anrede~~ | online Tasche bestellt (15.6.) | Tasche schön | falsche Farbe geliefert: dunkelbraun | hellbraune Tasche bestellt | ärgerlich | umtauschen | bitte Reklamation bestätigen | sich über eine schnelle Bearbeitung freuen | Gruß

Sehr geehrte Damen und Herren,

....

....

....

....

....

....

....

....

....

...... / 9 Punkte

Sprechen

4 Was passt? Ordnen Sie zu. (Nicht alles passt.)

Das ist mir zu teuer | das muss ich mir noch überlegen | Es kommt darauf an, was es kostet | Haben Sie einen bestimmten Wunsch | ~~Sie wünschen~~ | Vielen Dank für Ihre Hilfe | Wie wär's mit | wenn ich sonst noch etwas für Sie tun kann

◆ Guten Tag, Sie wünschen (a)?

○ Ich suche ein Geschenk für meinen Neffen. Er ist acht Jahre alt.

◆ .... (b) einem Spiel? Ich kann Ihnen das Spiel des Jahres sehr empfehlen. Es ist sehr spannend und kostet 39 Euro.

○ .... (c). Ich möchte höchstens 15 Euro ausgeben.

◆ Wie wäre es dann mit einem Kartenspiel? Hier haben wie eine kleine Auswahl.

○ Oh, gut. Dann gucke ich da mal. .... (d).

◆ Gern. Bitte melden Sie sich, ... (e).

○ Ja, mache ich.

...... / 4 Punkte

Sprechen

5 Wie kann man das auch sagen? Verbinden Sie.

a Versuchen Sie doch mal, ... — Sie könnten vielleicht ...

b Ich kann Ihnen nur raten, ...

c An Ihrer Stelle würde ich ...

d Wie finden Sie die Idee, ...?

Wenn ich Sie wäre, würde ich ...

Was halten Sie davon, ...?

Mein Rat wäre, ...

Sie könnten vielleicht ...

...... / 3 Punkte

MEINE PUNKTE		...... / 32 Punkte
☺ 27 – 32 Punkte	😐 17 – 26 Punkte	☹ 0 – 16 Punkte

NAME: ____________________

Wörter

1 Ordnen Sie zu. (Nicht alles passt.)

bloß | eckig | längst | Meinetwegen | Miteinander | mitten | nördlich | wesentlich | ~~zentral~~

Lieber Marc,
danke für Deine Mail. Ja, wir suchen immer noch ein Grundstück. Das Grundstück, für das wir uns interessiert haben, liegt sehr _zentral_ (a), __________ (b) in Salzburg. __________ (c) könnten wir dort sofort ein Haus bauen. Wir hätten das Grundstück auch schon __________ (d) gekauft. Das Problem ist __________ (e), dass wir dort wenige Chancen auf eine Baugenehmigung haben. Aber mit dieser Genehmigung wäre das Grundstück natürlich auch __________ (f) teurer. Ich hoffe, wir finden noch eine Alternative.
Viele Grüße, Lucas

____ /5 Punkte

Wörter

2 Was passt nicht? Streichen Sie.

a das Gericht – ~~der Rasen~~ – der Prozess – der Anwalt
b der Bleistift – die Mauer – der Radiergummi – der Schreibblock
c der Stadtrand – das Viertel – die Querstraße – das Eigentum
d der Lift – die Stufe – die Chance – die Treppe
e der Staat – die Frechheit – die Regierung – das Bundesland

____ / 4 Punkte

Wörter

3 Bilden Sie Wörter und ergänzen Sie mit *der – das – die*.

a der Osten + der Teil _der Ostteil_
b die Farbe + der Stift __________
c brennen + das Holz __________
d das Recht + die Anwältin __________
e innen + die Stadt __________

____ / 4 Punkte

Grammatik

4 Was ist richtig? Kreuzen Sie an.

a Ich kann ○ trotz ☒ wegen des Lärms nicht schlafen.
b Wir haben ○ trotz ○ wegen der hohen Mauer wenig Licht in unserem Garten.
c Ihr habt tatsächlich ○ trotz ○ wegen des Verbots schon wieder im Lift geraucht.
d ○ Trotz ○ Wegen der großen Hitze sitze ich gern auf der Terrasse.

____ /3 Punkte

Grammatik

5 Ordnen Sie zu.

aber | Entweder | nicht nur | oder | sondern auch | ~~zwar~~

Unsere Nachbarn machen _zwar_ (a) keinen Lärm, __________ (b) sie stören mich trotzdem. Sie sind __________ (c) unaufmerksam, __________ (d) unfreundlich. Sie grüßen mich nicht einmal. Außerdem rauchen sie auf dem Balkon. __________ (e) ihr Verhalten ändert sich bald __________ (f) ich spreche mal mit ihnen.

____ /5 Punkte

Grammatik

6 Schreiben Sie Sätze mit *entweder ... oder*, *zwar ... aber* oder *nicht nur ... sondern auch*.

a Meine Wohnung hat eine Badewanne und einen Balkon.
Meine Wohnung hat nicht nur eine Badewanne, sondern auch einen Balkon.

b Das Bad hat kein Fenster. Es hat eine ganz neue Badewanne.
....

c Meine Nachbarn haben mich zum Abendessen und zum Filmabend eingeladen.
....

d Alle unsere Nachbarn haben selbst Kinder oder sie mögen Kinder.
....

..... /3 Punkte

Grammatik

7 Ordnen Sie in der richtigen Form zu.

~~anfangen~~ anrufen bekommen helfen passieren sein

a ◆ Oh, nein! Ist es wirklich schon so spät? Hätte ich doch nur schon gestern angefangen !
○ Ja, dann .... du rechtzeitig fertig ....

b ◆ Die Wohnung ist leider schon weg. .... wir doch sofort beim Vermieter ....
○ Ja, dann .... wir wenigstens einen Besichtigungstermin ....

c ◆ Warum bist du nicht früher zu mir gekommen? Ich .... dir doch .... !
○ Stimmt, dann .... das alles nicht ....

..... /5 Punkte

Kommunikation

8 Welche Antwort passt? Achten Sie auf die Emojis und kreuzen Sie an.

a ◆ Es wäre schön, wenn Sie die Musik ab 22 Uhr leiser machen könnten. Ich muss morgens immer früh aufstehen.
☺ ○ ☒ Klar, geht in Ordnung.
○ ○ Das ist ja lächerlich!

b ◆ Wir hatten doch abgemacht, dass Sie den Papiermüll in die blaue Tonne werfen. Jetzt liegt die Zeitung wieder im Biomüll.
○ ○ Das geht Sie wirklich gar nichts an!
○ ○ Ach, wirklich? Das ist ja merkwürdig.

c ◆ Ich hätte da eine Bitte: Wäre es möglich, Ihr Fahrrad in den Keller zu stellen? Im Flur ist so wenig Platz.
○ ○ Also das ist ja ein starkes Stück!
○ ○ Das tut mir schrecklich leid.

d ◆ Warum laufen Sie denn die ganze Nacht durch die Wohnung?
○ ○ Tatsächlich?
○ ○ Das geht Sie wirklich gar nichts an!

e ◆ Es wäre schön, wenn Sie auch mal den Lift sauber machen könnten. Ich habe das jetzt schon dreimal gemacht.
○ ○ Das ist ja wohl eine Frechheit.
○ ○ Das tut mir leid. Daran habe ich noch gar nicht gedacht.

..... /4 Punkte

MEINE PUNKTE		..... /33 Punkte
☺ 27 – 33 Punkte	😐 17 – 26 Punkte	☹ 0 – 16 Punkte

NAME: ______________________

Hören 11

1 Richtig oder falsch? Kreuzen Sie an. Hören Sie das Gespräch einmal.

		richtig	falsch
a	Jasmins Nachbarin sagt nicht „Guten Tag“.	☒	○
b	Die Nachbarin hat Streit mit ihrem Mann, weil er die Kinder anschreit.	○	○
c	Eine Tochter der Nachbarin heißt Miriam.	○	○
d	Die Nachbarin mag es nicht, wenn Jasmins Tochter mit ihren Kindern spielt.	○	○
e	Jasmin nimmt nie Pakete für die Nachbarin an.	○	○

______ /8 Punkte

Lesen

2 Was ist richtig? Lesen Sie und kreuzen Sie an.

Hausordnung

In diesem Haus wohnen acht Paare und Familien. Wir haben alle unterschiedliche Gewohnheiten. Damit wir trotzdem ohne Streit und Ärger zusammenleben, gibt es ein paar Regeln. Bitte halten Sie sich an die Regeln! Das macht das Leben im Haus viel angenehmer.

- Bitte keine Fahrräder und Kinderwagen im Hausflur abstellen! Die Flure und das Treppenhaus sind so eng, dass dann zu wenig Platz ist. In der Garage und im Fahrradraum im Keller ist genug Platz für alles.
- Bitte benutzen Sie die Leine im Garten oder den Raum unter dem Dach, um Ihre Wäsche zu trocknen. Im Keller stört die Wäsche, wenn die Kinder im Werkraum basteln. Und: Bitte lassen Sie Ihre Wäsche nicht länger auf der Leine, als es nötig ist.
- Bitte trennen Sie den Müll! Wir haben drei verschiedene Mülltonnen für Papier, Plastik und Restmüll. Glasflaschen und Batterien gehören nicht in die Mülltonne! Bitte machen Sie Kartons klein, bevor Sie sie in die Mülltonne werfen. Gartenabfälle werden am Sportplatz (Haynstraße) gesammelt.
- Bitte achten Sie beim Gießen darauf, dass der Balkon unter Ihnen nicht auch noch nass wird! ☺ Grillen ist auf den Balkonen erlaubt. Allerdings wäre es nett, wenn Sie das nicht jeden Abend machen würden. Sonst sollten Sie Ihre Nachbarn dazu einladen.
- Leider sind auch in unserem Viertel immer wieder Einbrecher unterwegs. Bitte schließen Sie die Haustür abends ab 22 Uhr immer ab. Das ist einfach sicherer.
- Bitte kommen Sie alle, wenn es geht, zur monatlichen Versammlung der Hausgemeinschaft (immer am ersten Dienstag im Monat um 19 Uhr im Hobbyraum). Dort können wir besprechen, wenn es besondere Wünsche oder auch Probleme gibt.

a Die Regeln gelten ○ für die Familien ☒ für alle ○ für die acht Paare im Haus.

b Man soll die Fahrräder und Kinderwagen entweder in die Garage oder ○ ins Treppenhaus ○ in den Flur ○ in den Keller stellen.

c Man kann seine Wäsche nicht nur unter dem Dach aufhängen, sondern auch den ○ Werkraum ○ Garten ○ Keller dafür nutzen.

d Es gibt zwar eine Tonne für Papier, aber man soll ○ lieber die Sammelstelle am Sportplatz nutzen. ○ sie auch für Glas nutzen. ○ keine großen Kartons hineinwerfen.

e Man darf auf seinem Balkon grillen, wenn ○ keine Nachbarn da sind. ○ man um 22 Uhr aufhört. ○ man das nicht ständig macht.

f Alle Bewohner des Hauses treffen sich ○ einmal pro Monat. ○ jeden Dienstag. ○ bei Problemen.

______ /5 Punkte

Schreiben

3 Lesen Sie die Nachricht. Wählen Sie dann aus und schreiben Sie eine Antwort.

```
Hi, ich habe gehört, dass Du eine neue Wohnung
gefunden hast. Jetzt bin ich aber neugierig!! ☺
Wie ist sie denn? Beschreib doch mal!
```

☒ toll	○ okay
○ mitten in der Stadt	○ am Stadtrand
○ praktisch	○ ruhig
○ Hochhaus	○ kleines Haus
○ Erdgeschoss	○ 3. Stock
○ Raum unter dem Dach	○ Keller
○ 2 Zimmer	○ 3 Zimmer
○ 60 m²	○ 90 m²
○ Dusche	○ Badewanne
○ Fenster im Bad	○ Gäste-WC
○ Garten	○ Balkon

Hi, ich finde meine neue Wohnung toll.
…………
…………
…………
…………
…………
…………
…………
…………

…… /10 Punkte

Sprechen

4 Ordnen Sie zu.

aber im Kinderzimmer durften wir machen | Als Kinder mussten wir | wir durften weder selbst wählen | War das bei euch auch so | ~~Was war bei euch üblich~~

◆ Bei uns zu Hause mussten wir jeden Abend das Kinderzimmer aufräumen, weil wir so wenig Platz hatten. Was war bei euch üblich (a)?

○ Also, wir hatten zwar auch nicht viel Platz, …………………… (b), was wir wollten.

◆ …………………… (c) anziehen, was meine Mutter wollte. …………………… (d)?

○ Klar, …………………… (e) noch uns beschweren.

…… / 4 Punkte

Sprechen

5 Wie kann man das auch sagen? Verbinden Sie.

a Das tut mir leid.	Also das ist ja ein starkes Stück!
b Das ist ja wohl eine Frechheit!	Entschuldigung.
c Es wäre schön, wenn …	Ach wirklich?
d Tatsächlich?	Könnten Sie vielleicht …?

…… / 3 Punkte

MEINE PUNKTE		…… /30 Punkte
☺ 24 – 30 Punkte	😐 16 – 23 Punkte	☹ 0 – 15 Punkte

NAME: ______________________

Wörter

1 Was passt zusammen? Verbinden Sie.

a das Betriebs — klima
b die Arbeits
c der Eltern
d das Liebes
e die Zusammen

abend
klima
gedicht
arbeit
atmosphäre

...... / 4 Punkte

Wörter

2 Ordnen Sie zu. (Nicht alles passt.)

Beziehungen | Distanz | Einfluss | Eindruck | Freundschaft | Grenzen | ~~Konsequenzen~~ | Studie

◆ Es fällt mir schwer, Aufgaben abzulehnen. Ich habe dann immer Angst vor negativen *Konsequenzen* (a). Ich denke auch, dass das keinen guten .... (b) auf die Atmosphäre hat. Wie ist das bei dir? Kannst du im Beruf gut .... (c) setzen?

○ Nein, das finde ich nicht nur im Beruf, sondern auch in .... (d) schwierig.

◆ Ja, stimmt. Auch eine .... (e) kann das negativ beeinflussen. Es ist noch schwieriger, „Nein" zu sagen, wenn man wenig .... (f) hat.

...... / 5 Punkte

Grammatik

3 Ergänzen Sie *weil – obwohl – falls*.

a ◆ Wir können die Aufgaben gern tauschen, *falls* Ihnen das lieber ist.
○ Ja, das wäre sicher sinnvoll, ... wir dann bestimmt schneller sind.

b ◆ Könnten wir den Termin verschieben, ... ich gestern zugesagt habe? Das würde mir helfen.
○ Ich denke, das geht. Ich frage nach und sage Bescheid, ... es Probleme gibt.

c ◆ .... es Ihnen recht ist, können wir uns auch gern duzen.
○ Ja, sehr gern.

...... / 4 Punkte

Grammatik

4 Schreiben Sie Sätze mit *je ..., desto ...*

a Die Kollegen sind lustig. Sie lachen häufig bei der Arbeit.
Je lustiger die Kollegen sind, desto häufiger lachen sie bei der Arbeit.

b Der Chef ist nett. Ich gehe gern zur Arbeit.
....

c Das Betriebsklima ist gut. Die Mitarbeiter sind selten krank.
....

d Ich bekomme viel Gehalt. Ich bin motiviert.
....

...... / 3 Punkte

Grammatik

5 Was ist richtig? Kreuzen Sie an.

a ◆ Mit welchem ○ Kollege ☒ Kollegen macht dir die Zusammenarbeit am meisten Spaß?
○ Am liebsten arbeite ich mit ○ Herr ○ Herrn Meyermann. Der ist total nett!

b ◆ Hast du den ○ Praktikant ○ Praktikanten heute schon gesehen?
○ Ja, der ○ Junge ○ Jungen holt gerade beim ○ Grieche ○ Griechen etwas zu essen.

...... / 4 Punkte

Grammatik

6 Ergänzen Sie in der richtigen Form.

a Immer mehr Jugendliche machen ein Praktikum, um sich über einen Beruf zu informieren. (jugendlich)

b Die .... duzen sich bei der Arbeit heute schneller als früher. (deutsch)

c Eine .... von mir macht gerade Karriere als Sängerin. (bekannt)

d Ein .... sollte einen .... erst einmal siezen. (jugendlich / erwachsen)

.... / 4 Punkte

Grammatik

7 Ergänzen Sie die Sätze.

a Mit dieser Kollegin rauche ich in der Pause.
Das ist die Kollegin, mit der ich in der Pause rauche.

b Über diesen Kopierer ärgere ich mich oft.
Das ist der Kopierer, ...

c In diesem Büro arbeite ich.
Das ist das Büro, ...

d Von dieser Studie habe ich erzählt.
Das ist die Studie, ...

e Auf diesen Kunden muss ich immer warten.
Das ist der Kunde, ...

.... / 4 Punkte

Kommunikation

8 Ordnen Sie zu.

~~aber ich habe gerade selbst viel zu viel zu tun~~ | falls du jemanden für meine Aufgaben findest | ich spreche gleich mal mit ihr | das wäre möglich

◆ Könnten Sie mir bitte helfen und sich um die Bestellung der Firma Große kümmern?
○ Tut mir leid, aber ich habe gerade selbst viel zu viel zu tun (a).
◆ Oh, dann habe ich ein Problem …
○ Ich könnte dir helfen, ... (b).
◆ Hm. Aber wen?
○ Vielleicht könnte Frau Sager meine Aufgaben übernehmen.
◆ Stimmt, ... (c).
○ Fragst du sie?
◆ Ja, ... (d).

.... / 3 Punkte

Kommunikation

9 Was passt? Verbinden Sie.

a Ich habe gerade keine Zeit, — zusätzliche Aufgaben zu übernehmen.
b Wenn wir den Termin verschieben,
c Wenn es Ihnen recht ist,
d Übrigens, von mir aus

könnte ich dir helfen.
dann können wir uns duzen.
können wir tauschen.
zusätzliche Aufgaben zu übernehmen.

.... / 3 Punkte

MEINE PUNKTE		.... / 34 Punkte
☺ 28 – 34 Punkte	😐 18 – 27 Punkte	☹ 0 – 17 Punkte

NAME: ______________________

Hören

🔊 12–16

1 Was ist richtig? Kreuzen Sie an. Hören Sie jedes Gespräch zweimal.

a Die Frau sieht die Kollegin ihres Mannes. ○ richtig ☒ falsch
Der Mann findet, dass die Kollegin ○ sympathisch aussieht. ○ nicht in seinem Büro sitzen sollte. ☒ nicht schnell genug arbeitet.

b Die Frau kennt den Mann im grauen Mantel seit vielen Jahren. ○ richtig ○ falsch
Die Frau hat den Mann ○ über eine Freundin ○ über das Internet ○ im Kino kennengelernt.

c Die Familie wirkt nicht sehr zufrieden. ○ richtig ○ falsch
Die Mutter arbeitet ○ als Verkäuferin. ○ als Bäckerin. ○ an einem Marktstand.

d Der Mann duzt Katrin schon lange. ○ richtig ○ falsch
Die Zusammenarbeit mit Katrin ○ macht schlechte Laune. ○ läuft nicht gut. ○ macht Spaß.

e Man hat den Mann in der alten Firma entlassen. ○ richtig ○ falsch
Die Mitarbeiter am alten Arbeitsplatz ○ waren zufrieden mit dem Chef. ○ hatten kein gutes Verhältnis zueinander. ○ bekamen zu wenig Gehalt.

.... /8 Punkte

Lesen

2 Richtig oder falsch? Lesen Sie den Text und kreuzen Sie an.

Immer mehr „Du“ in Schweizer Firmen

In Schweizer Unternehmen wird immer mehr geduzt. Doch das hat für die Zusammenarbeit nicht nur Vorteile.

In den USA ist das der berufliche Alltag: Man spricht Chefs und Kollegen mit dem Vornamen an. In den deutschsprachigen Ländern war es lange Zeit kaum üblich, dass man sich im Job duzte. Doch jetzt werden auch hier das Duzen und die Anrede mit dem Vornamen immer normaler.

So zum Beispiel in der Schweiz: Hier erklären einige Unternehmen möglichen Bewerbern bereits auf der Homepage, dass sich alle Mitarbeiterinnen und Mitarbeiter bei der Arbeit duzen – von den Auszubildenden bis zu den Chefs. Eine solche „Duz-Kultur“ herrscht vor allem in den international tätigen Firmen in der Schweiz.

Viele sehen deutliche Vorteile im Duzen. Es macht die Kommunikation im Unternehmen leichter und direkter. Außerdem sorgt es für mehr Wir-Gefühl.

Doch andere sehen auch negative Konsequenzen. Sie kritisieren, dass mit dem „Du“ die Distanz zwischen Mitarbeitern und Chefs verschwindet. Personalexperten sehen vor allem da Probleme, wo die Mitarbeiter keine Wahl zwischen dem „Du“ und dem „Sie“ haben. Wenn das „Du“ Pflicht ist, obwohl die Kollegen eher das „Sie“ bevorzugen würden, kann das einen negativen Einfluss auf das Betriebsklima haben.

	richtig	falsch
a In der Schweiz wird in allen Unternehmen geduzt.	○	☒
b Einige Unternehmen beschreiben ihre „Duz-Kultur“ auf ihrer Internetseite.	○	○
c Allerdings duzen sich nur die Mitarbeiter, zu den Chefs sagt man „Sie“.	○	○
d Das neue „Du“ herrscht vor allem in Unternehmen, die weltweit aktiv sind.	○	○
e Eine positive Konsequenz des Duzens ist ein größeres Gemeinschaftsgefühl.	○	○
f Ohne Wahl zwischen „Du“ und „Sie“ ist die Atmosphäre besser.	○	○

.... /5 Punkte

Schreiben

3 Schreiben Sie eine Antwort.

Im Beruf

Ich habe mal eine Frage. Eine Kollegin, mit der ich mich privat sehr gut verstehe, möchte im Büro immer, dass ich ihr bei ihren Aufgaben helfe. Ich habe aber selbst auch genug zu tun. Natürlich möchte ich aber auch nett zu ihr sein, denn sie ist ja eine gute Freundin. Wie kann ich reagieren, wenn sie mich wieder fragt?

~~mit dem Thema Erfahrung haben~~ | Freundschaften im Job: oft schwierig | privat: helfen als Freund | im Beruf: als Kollege klare Grenzen setzen | Deine Situation erklären: selbst viel Arbeit haben | Kollegin sicher Verständnis haben

Hey! Ich habe mit dem Thema ein bisschen Erfahrung ……

……

……

……

……

……

…… /5 Punkte

Sprechen

4 Ergänzen Sie.

a ◆ Ach, wollen wir uns nicht lieber duzen (a)?
○ Ja, gern! I__ h____ (b) Heike.

b ◆ Wenn es Ihnen recht ist, d___ k______ w__ u__ g___ d____ (c).
○ A____ k___ (d)! Ich bin Felix.

c ◆ Was ich noch sagen wollte: Wir s____ hier alle D_ z________ (e).
○ S____! Hallo, i__ b__ (f) Ahmed!

…… /5 Punkte

Sprechen

5 Schreiben Sie ein Gespräch.

Tja, dann kann ich dir leider nicht helfen. | Das geht leider nicht, weil kein anderer Kollege mehr da ist. | Vielleicht könnte ich dir helfen, falls du jemanden für meine Aufgaben findest. | ~~Könntest du noch einen Auftrag von mir übernehmen?~~ | Schade. | Ich habe selbst gerade viel zu viel zu tun.

◆ Könntest du noch einen Auftrag von mir übernehmen? (a)
○ Tut mir leid. …… (b)
◆ …… (c)
○ …… (d)
◆ …… (e)
○ …… (f) …… /5 Punkte

MEINE PUNKTE		…… /28 Punkte
☺ 23 – 28 Punkte	😐 15 – 22 Punkte	☹ 0 – 14 Punkte

NAME: ______________________

Wörter

1 Verbinden Sie und schreiben Sie.

anklicken — a Dateien — c den Startknopf — drücken — anschließen — b ein Programm — d einen Ordner mit der Maus — tippen — löschen — e den Monitor am Rechner — herunterladen — f auf der Tastatur

a Dateien löschen
b ______________________
c ______________________
d ______________________
e ______________________
f ______________________

...... / 5 Punkte

Wörter

2 Was passt nicht? Streichen Sie.

a ~~das Symbol~~ – der Unsinn – der Denkfehler – der Quatsch
b die Moderatorin – der Monitor – die Managerin – der Kursleiter
c klasse – süchtig – herrlich – wunderbar
d das Passwort – die PIN – die Geheimzahl – der Wohnblock
e die Festplatte – der Akku – der Salon – der Laptop

...... / 4 Punkte

Wörter

3 Wie kann man das auch sagen? Ordnen Sie zu.

beschließen | Erfindung | Standpunkt | ~~Symbol~~ | tagelang

a ein kleines Bild – ein Symbol
b für mehrere Tage – ______________
c eine Entscheidung treffen – etwas ______________
d eine Idee, die etwas verändert – eine ______________
e diskutieren – seinen ______________ in einer Diskussion vertreten

...... / 4 Punkte

Grammatik

4 Was ist richtig? Kreuzen Sie an.

a Ich glaube, du musst den Akku laden, ☒ bevor ○ nachdem ○ während du das Smartphone wieder benutzen kannst.
b Du kannst das Smartphone in der Küche laden, ○ bevor ○ nachdem ○ während wir zusammen kochen und uns in Ruhe unterhalten.
c ○ Bevor ○ Nachdem ○ Während wir uns unterhalten, brauchst du dein Smartphone ja nicht unbedingt, oder?
d ○ Bevor ○ Nachdem ○ Während wir dann gegessen haben, ist der Akku wieder voll.
e Wie hat dein Alltag eigentlich ausgesehen, ○ bevor ○ nachdem ○ während du ein Smartphone hattest?

...... / 4 Punkte

Grammatik

5 Schreiben Sie Sätze mit *bevor – nachdem – während.*

a den Rechner anschließen, zuerst: die Bedienungsanleitung lesen
Bevor ich den Rechner anschließe, lese ich die Bedienungsanleitung.

b den Rechner nutzen, zuerst: ein Passwort wählen
....

c ein Passwort wählen, dann: neue Programme installieren
....

d zur gleichen Zeit: Programme installieren und Kaffee trinken
....

e Installation beenden, dann: den Rechner ausprobieren
....

...... /4 Punkte

Grammatik

6 Schreiben Sie Sätze mit *als ob.*

a ◆ Das Mountainbike ist wirklich klasse. Du siehst aus, als ob du total fit wärst.
(aussehen – total fit sein)

○ Du ....
(das so sagen – auch gern ein neues Rad haben)

b ◆ Alles in Ordnung? Du ....
(sich anhören – gleich schreien)

○ Ich bin wahnsinnig wütend. Mein Chef ....
(so tun – ich keine Ahnung haben)

◆ Wieso regst du dich so auf? Es ....
(so scheinen – dein Chef nicht besonders klug sein)

...... /4 Punkte

Kommunikation

7 Wie kann man das auch sagen? Verbinden Sie.

a Das ist doch übertrieben.	Darum kann ich mich kümmern.
b Das Gefühl kenne ich gut.	Ich stimme dir zu.
c Das übernehme ich.	Das kommt für mich nicht infrage.
d Das mache ich nicht.	Ich kann dich gut verstehen.
e Ich sehe das so wie du.	Das finde ich unmöglich.

(a – Das finde ich unmöglich.)

...... / 4 Punkte

Kommunikation

8 Ordnen Sie das Gespräch.

○ Ja, das sehe ich auch so. Aber er ist leider gerade nicht da.
○ Ich weiß nicht. Ich kann nicht so gut mit Computern umgehen. Ich will nichts kaputt machen.
○ Okay, dann übernehme ich das eben.
○ Ja, das verstehe ich. Das geht mir genauso. Aber hier kannst du nichts kaputt machen. Du musst nur das Programm herunterladen. Würdest du das tun?
(1) Wie wäre es, wenn du schon mal das Antivirenprogramm installieren würdest?
○ Eher nicht. An deiner Stelle würde ich Hendrik fragen. Der hat doch sowieso nichts zu tun.

...... /5 Punkte

MEINE PUNKTE		...... /34 Punkte
☺ 28 – 34 Punkte	😐 18 – 27 Punkte	☹ 0 – 17 Punkte

NAME: ______________________

Hören
🔊 17–21

1 Wie sehen die Personen den Trend *Autos ohne Fahrer*? Kreuzen Sie an. Hören Sie die Meinungen einmal.

	positiv	negativ
a Dieter Bauer	○	☒
b Annika Wilde	○	○
c Bernd Hagen	○	○
d Lisa Fackel	○	○
e Nils Radeberger	○	○

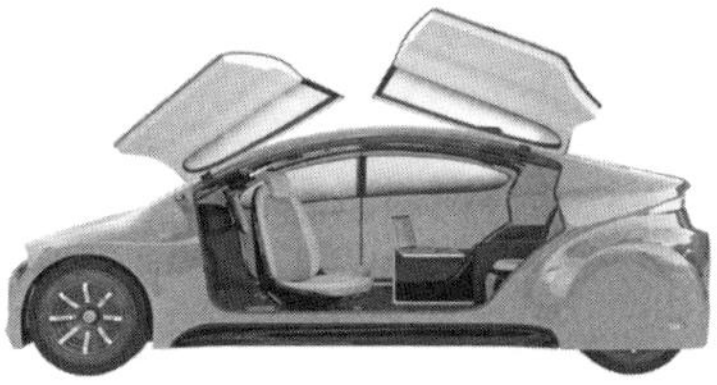

_____ */8 Punkte*

Lesen

2 Was ist richtig? Lesen Sie und kreuzen Sie an.

Für Ihre Sicherheit

Benutzen Sie den Kaffeevollautomaten ausschließlich drinnen und bei Temperaturen zwischen +16 °C und +38 °C. Stellen Sie die Maschine nicht in die Sonne oder neben einen Herd oder eine Heizung. Stellen Sie kein offenes Feuer, z. B. eine Kerze, auf oder neben den Kaffeevollautomaten.

Während des Betriebs sollte der Kaffeevollautomat nie bedeckt sein. Legen Sie auch keine Tücher, Decken, Kissen oder Ähnliches darauf. Wenn Sie den Kaffeevollautomaten in einem Schrank aufgestellt haben, benutzen Sie ihn unbedingt nur mit offener Schranktür.

Wenn Sie den Kaffeevollautomaten längere Zeit nicht benutzen, schalten Sie ihn bitte vollständig aus. Der Kaffeevollautomat ist nur dann vom Stromnetz getrennt, wenn der Netzstecker des Kaffeevollautomaten gezogen ist.

Die Flüssigkeiten, die aus dem Gerät kommen, sind sehr heiß. Berühren Sie keine heißen Teile des Geräts.

Verwenden Sie zum Nachfüllen nur kaltes und frisches Trinkwasser. Beachten Sie, dass warmes oder heißes Wasser zu Schäden führen kann. Verwenden Sie kein Mineralwasser, denn es beschädigt die Maschine. Wechseln Sie das Wasser täglich.

Reinigung und Pflege

Reinigen Sie den Kaffeevollautomaten und den Milchbehälter, bevor Sie ihn zum ersten Mal benutzen. Schalten Sie die Maschine dafür ganz aus. Am besten ist es, wenn Sie die Maschine täglich reinigen.

	richtig
a Man soll das Gerät nur im Haus benutzen.	☒
b Man darf das Gerät auch bei über 38 Grad benutzen.	○
c Das Gerät sollte in der Nähe der Heizung stehen.	○
d Während man das Gerät benutzt, sollte kein Handtuch darauf liegen.	○
e Das Gerät darf nicht im Schrank stehen.	○
f Wenn man länger nicht zu Hause ist, sollte man das Gerät komplett ausschalten.	○
g Während das Gerät in Betrieb ist, kann es sehr heiß werden.	○
h Man sollte täglich warmes Mineralwasser nachfüllen.	○
i Man kann das Gerät ohne Reinigung sofort benutzen.	○

_____ */8 Punkte*

Schreiben

3 Schreiben Sie einen Kommentar im Forum.

Beziehung im Alltag

Ich habe ein Problem. Meine Freundin kann nicht ohne ihr Handy leben. Sie hat es immer dabei und es ist auch immer laut, sodass sie hören kann, wenn sie eine Nachricht bekommt. Das nervt mich sehr. Wir haben kaum Zeit für uns. Sie kann sich auch nicht so gut konzentrieren, wenn wir uns unterhalten. Ich habe schon ein paar Mal versucht, mit ihr zu reden. Aber sie versteht nicht einmal, was mein Problem ist. Hat jemand einen guten Rat?

~~gut verstehen können~~ | Eindruck: Freundin keine Interesse an Beziehung | unmöglich finden | an Deiner Stelle: noch einmal über das Problem reden | raten: dann eine Woche abwarten | sich etwas ändern? | falls ja: gut | falls nein: Beziehung beenden

Ich kann Dich gut verstehen.
......
......
......
......
......

...... /7 Punkte

Sprechen

4 Ergänzen Sie.

a ◆ Verzeihung (a), ich bin zum ersten Mal hier. K...... S...... m...... v...... s...... (b), wie das funktioniert?
○ Kein Problem, gern.

b ◆ Mein Chef nervt. E...... t...... s...... (c), als ob er keine Ahnung hätte. A...... i...... W...... (d) will er mich nur kontrollieren.
○ Das Problem kenne ich gut. Meine Chefin hat das früher auch gemacht. E...... g......, w...... i...... (e) mit deinem Chef reden.
◆ Ja, i...... s...... d...... a...... s...... (f) wie du. Aber ich habe noch keinen guten Zeitpunkt gefunden.
○ An deiner Stelle würde ich dafür einen Termin mit ihm machen.
◆ Ich weiß nicht. D...... f...... i...... ü...... (g).

...... /6 Punkte

MEINE PUNKTE		...... /29 Punkte
☺ 24 – 29 Punkte	😐 15 – 23 Punkte	☹ 0 – 14 Punkte

NAME: ____________________

Wörter

1 Lösen Sie das Rätsel.

a zum Festhalten
b süßes Getränk
c die Kamera
d der Gewinner
e etwas Kleines zu essen
f Teil der Kopfes
g ein blaurotes Obst
h zum Abtrocknen
i Autos und Motorräder (Pl.)

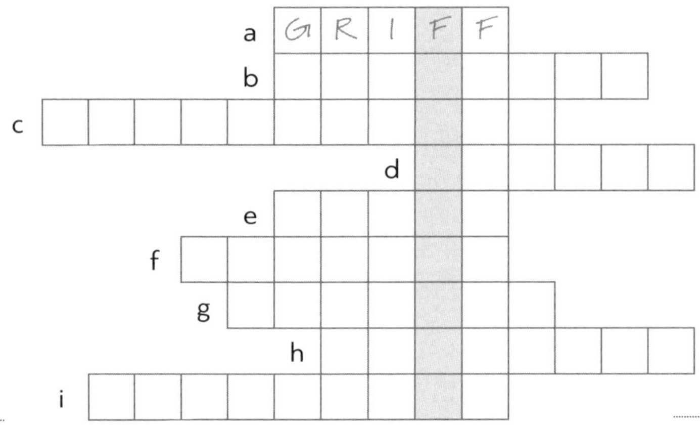

Lösungswort: F ____________

____ /9 Punkte

Wörter

2 Ergänzen Sie.

a liefern — die Lieferung
b ____________ — das Verbot
c umtauschen — ____________
d ____________ — der Einfall
e reinigen — ____________
f entwickeln — ____________

____ / 5 Punkte

Wörter

3 Ordnen Sie zu. (Nicht alles passt.)

ausgezeichnet | gerecht | gratis | einerseits | hinterher | live | neulich | ~~schief~~

◆ Bei mir geht in letzter Zeit beim Kochen alles schief (a).
○ Oje, du Arme. Das ist wirklich nicht ____________ (b).
◆ Sollen wir eine Pizza bestellen?
○ Das haben wir doch ____________ (c) erst gemacht und bestellen ist so teuer.
◆ Ja, aber die Lieferung ist doch ____________ (d), wenn man für mindestens 15 Euro bestellt. Und die Pizza ist wirklich ____________ (e).

____ / 4 Punkte

Grammatik

4 Was ist richtig? Kreuzen Sie an.

a Ich tausche Ware immer um, wenn ich etwas finde, ☒ was ○ wo mir besser gefällt.
b Darum kaufe ich am liebsten dort, ○ was ○ wo man problemlos umtauschen kann.
c Im Internet finde ich alles, ○ was ○ wo ich brauche.
d Ich kann von überall bestellen, ○ was ○ wo ich bin.
e Das ist praktisch. Denn da, ○ was ○ wo ich lebe, gibt es kaum Geschäfte.
f Und in den Geschäften gibt es so gut wie nichts, ○ was ○ wo mich interessiert.

____ /5 Punkte

Grammatik

5 Ergänzen Sie in der richtigen Form.

a ◆ Ich suche immer noch ein passendes Geschenk für meine Mutter. (passen)
○ Wie wäre ein .... Tee? (beruhigen)
◆ Eine fit .... Limonade wäre mir lieber. (machen)

b ◆ Haben Sie auch automatisch .... Fahrzeuge für Kinder? (fahren)
○ Nein, leider nicht. Aber wir haben hier ein .... Auto. (sprechen)
◆ Oh! Nein, die .... Augen gefallen mir nicht. (leuchten)
○ Ja, das ist ein besonders .... Modell. Hier ist ein einfacheres. (auffallen)

...... /6 Punkte

Grammatik

6 Schreiben Sie Sätze mit *sowohl ... als auch* oder *weder ... noch*.

a Die Handtasche ist ... ☺. (schön + praktisch)
Die Handtasche ist sowohl schön als auch praktisch.

b Die Bedingungen sind ... ☹. (fair + besonders günstig)
....

c Bei dem Zelt stimmt ... ☺. (die Größe + der Preis)
....

d Bei dem Projekt überzeugt ... ☹. (das Motto + das Ziel)
....

e Für den Umtausch benötigt man ... ☺. (der Beleg + die Verpackung)
....

...... /4 Punkte

Kommunikation

7 Ergänzen Sie.

◆ Ich habe diesen Fotoapparat vorige Woche bei Ihnen gekauft. Und ich bin wirklich enttäuscht. (a)
○ A__ w_____? (b) Was ist mit der Kamera?
◆ I__ m_____ leider f__________ (c), dass der Akku nur eine Stunde hält!
○ Okay, i__ k___ v________ (d), dass Sie enttäuscht sind.
◆ Dazu m_____ i__ n___ a_______ (e), dass der Verkäufer sich besonders positiv zur Leistung des Akkus geäußert hat.
○ Oh, das tut mir leid. D__ s___ i__ leider n__ e___ M__________ (f): Wir müssen einen neuen Akku bestellen.

...... /5 Punkte

Kommunikation

8 Wie kann man das auch sagen? Verbinden Sie.

a Das hat mich schon sehr enttäuscht.	Ach, wirklich? Unglaublich!
b Das kenne ich.	Also, ich bin wirklich enttäuscht.
c Das geht doch nicht.	Das ist mir auch schon passiert.
d Das ist ja nicht zu glauben.	Das kann man doch nicht machen.

...... /3 Punkte

MEINE PUNKTE		...... /41 Punkte
☺ 32 – 41 Punkte	😐 21 – 31 Punkte	☹ 0 – 20 Punkte

NAME: ______________________

Hören

🔊 22–26

1 Was ist richtig? Hören Sie und kreuzen Sie an. Hören Sie jede Ansage einmal.

a Diese Durchsage ist für Kinder. ○ richtig ☒ falsch
Ein Kind möchte, dass seine Eltern ☒ es aus dem Spieleparadies abholen. ○ mit ihm spielen. ○ das Spieleparadies verlassen.

b Das Kaufhaus hat nur noch 20 Minuten geöffnet. ○ richtig ○ falsch
Die Kunden sollen ihre Waren ○ ins Parkhaus transportieren. ○ verpacken lassen. ○ abholen.

c Im Kaufhaus gibt es die ganze Woche Sonderangebote. ○ richtig ○ falsch
Im Angebot sind ○ Elektrogeräte und Töpfe. ○ Portemonnaies und Kochgeschirr. ○ Taschen für Damen und Herren.

d Im Café kann man heute umsonst Tee probieren. ○ richtig ○ falsch
Die Kräutertees ○ haben eine positive Wirkung. ○ sind heute über 40 Prozent günstiger. ○ gibt es in einer Familienpackung.

e Der Supermarkt bietet auch Kochkurse an. ○ richtig ○ falsch
In den Kochpaketen sind ○ Gerichte zum Aufwärmen. ○ Ideen für Rezepte. ○ alle Zutaten für ein Gericht.

_____ / 8 Punkte

Lesen

2 Zu wem passen die Sätze? Lesen Sie und ergänzen Sie.

Pannen und Missgeschicke

SaraKA In der Firma habe ich letzte Woche auf dem Flur über die neue Frisur unseres Chefs geredet. Ich habe sie einer Kollegin ganz genau beschrieben und wir haben ziemlich darüber gelacht. Leider nur, bis wir gemerkt haben, dass unser Chef die ganze Zeit hinter uns gestanden und zugehört hat. Das war total peinlich.

ElFrieda Ich bin vorige Woche einkaufen gegangen. Ganz viele Menschen haben mich nett angeschaut und gelächelt. Das war super. Ich hatte richtig gute Laune, als ich nach Hause gekommen bin. Aber da habe ich dann im Spiegel gesehen, warum ich eine solche Attraktion war: Ich hatte noch ziemlich viel Zahnpasta neben dem Mund und in den Haaren.

HaJü68 Ich habe mich gestern mit meinem Einkaufswagen in einer Schlange im Supermarkt angestellt. Ich hatte es eilig und musste nebenbei auch noch ganz schnell eine total wichtige Nachricht schreiben. Nach ein paar Minuten habe ich mich gewundert, dass sich die Schlange gar nicht nach vorn bewegt. Da habe ich gemerkt, dass ich mit meinem Wagen gar nicht in der Schlange zur Kasse stehe, sondern einfach hinter einem Einkaufswagen mit neuer Ware. Ein paar andere Kunden fanden das sehr lustig.

a SaraKA: Leider habe ich wohl zu laut gesprochen.
b ______: Ich habe im Stress beim Shoppen nicht richtig hingeschaut.
c ______: Vielleicht hätte ich besser vorher kontrolliert, wie mein Gesicht aussieht.
d ______: Es kann peinlich werden, wenn man über andere redet.
e ______: Es war schön, dass die Menschen so freundlich geschaut haben.
f ______: Ich habe überhaupt nicht gemerkt, dass ich falsch stehe. _____ /5 Punkte

Schreiben

3 Schreiben Sie eine Nachricht und beschreiben Sie ein tolles Gerät, das Sie gekauft haben.

~~Anrede~~ | neues Gerät gefunden: einfach super | sich vorstellen: nicht nur ..., sondern auch ... können | sowohl ... als auch ... können | das Beste: der Preis (99 Euro) | toll? | Gruß

Hi, ...

...... / 6 Punkte

Sprechen

4 Ordnen Sie das Gespräch.

- ◯ Es war abgemacht, dass der Herd innerhalb einer Woche geliefert wird. Jetzt warte ich schon zehn Tage auf eine Nachricht. Das geht doch nicht!
- ◯ Selbstverständlich, das ist überhaupt kein Problem. Ich spreche mit den Kollegen und rufe Sie gleich zurück. Dann brauche ich nur noch Ihre Telefonnummer.
- ◯ Oh, das tut mir leid. Was war denn vereinbart?
- ◯ Gut! Wissen Sie, das Hauptproblem ist, dass ich nächste Woche in den Urlaub fahre. Es wäre also gut, wenn wir vorher einen Termin finden.
- ① Mein Name ist Werner Klein. Ich rufe an, weil Sie meinen Herd immer noch nicht geliefert haben.
- ◯ Ich kann verstehen, dass Sie verärgert sind. Ich werde mich sofort persönlich darum kümmern.
- ◯ Das ist die 0176 736 816 82.

...... / 6 Punkte

Sprechen

5 Was passt? Ordnen Sie zu. (Nicht alles passt.)

Da haben Sie später bestimmt darüber gelacht | Das ist ja nicht zu glauben | Das kann man doch nicht machen | Ich bin wirklich sehr verärgert | ~~Ich musste leider feststellen, dass~~ | Selbstverständlich, das ist kein Problem

a ◆ Guten Tag, ich habe diese Lampe vorige Woche gekauft. *Ich musste leider feststellen, dass* sie nicht auf meinen Schreibtisch passt. Darum möchte ich sie umtauschen.

○ .... Dazu benötige ich nur die Rechnung.

b ◆ Hallo, dieses Smartphone habe ich gestern bei Ihnen gekauft. Aber es funktioniert nicht.

....

○ Es funktioniert nicht? .... Darf ich mal sehen?

...... / 3 Punkte

MEINE PUNKTE		...... / 28 Punkte
☺ 23 – 28 Punkte	😐 15 – 22 Punkte	☹ 0 – 14 Punkte

NAME: ____________________

Wörter

1 Ordnen Sie zu. (Nicht alles passt.)

~~aufgeben~~ | beweisen | loben | stehlen | vorkommen | vornehmen | verhalten | weigern

Liebe Lisa,
für das nächste Lebensjahr habe ich viele Pläne. Ich möchte das Rauchen endgültig *aufgeben* (a). Außerdem nehme ich mir vor, meine Schülerinnen und Schüler mehr zu ______ (b), wenn sie etwas gut gemacht haben. Es soll nie wieder ______ (c), dass ich andere Menschen beleidige. Ich versuche zu akzeptieren, dass sich nicht jeder so ______ (d) kann, wie ich es möchte. (Okay, das wird schwer.) Möchtest Du Dir auch etwas ______ (e)?
Liebe Grüße, Bernd

______ / 4 Punkte

Wörter

2 Was passt zusammen? Verbinden Sie.

a	der Schnupfen	das Gebiet
b	die Gruppe	die Flöte
c	die Region	die Erkältung
d	der Zug	das Plakat
e	die Gitarre	der ICE
f	das Poster	die Runde

(a – die Erkältung)

______ / 5 Punkte

Wörter

3 Ergänzen Sie.

a	schmecken	*der Geschmack*
b	______	die Zahl
c	(sich) ______	die Verspätung
d	______	die Strafe
e	(sich) missverstehen	______
f	______	der Zuschauer
g	fliehen	______
h	auffordern	______

______ / 7 Punkte

Grammatik

4 Ordnen Sie zu.

◯ Vorhersage/Vermutung | ◯ Vorsatz/Plan | *a* Versprechen | ◯ Aufforderung

a Bitte glaub mir! Ich werde alles tun, um dein Vertrauen zu gewinnen.
b Sie werden sofort aufhören, die Arbeit der Polizei zu behindern. Sonst zeige ich Sie an!
c Morgen wird es wahrscheinlich regnen. Darum wasche ich heute noch schnell.
d Nächstes Wochenende werden wir nach Paris fahren.

______ / 3 Punkte

Grammatik

5 Ordnen Sie zu und ergänzen Sie mit *werden*.

~~halten~~ parken trinken überqueren wegfahren

a Wir *werden* uns in Zukunft ganz sicher immer genau an die Geschwindigkeitsbeschränkung *halten*. Versprochen!

b Du ______ bitte die Straße nie mehr bei Rot ______, auch wenn du es sehr eilig hast. Sonst bekommst du Ärger mit mir!

c Ich ______ hier bestimmt nie wieder ______. Ich musste nur schnell ein Brot kaufen.

d Euer Auto steht genau vor meiner Garage. Ihr ______ es jetzt sofort ______.

e Mein Onkel hatte einen Unfall mit dem Fahrrad. Jetzt ______ er keinen Tropfen Alkohol mehr ______, wenn er noch fahren muss – egal ob mit dem Auto oder Fahrrad.

___ /4 Punkte

Grammatik

6 Was ist richtig? Kreuzen Sie an.

a Man sollte im Zug leise telefonieren, ☒ da ○ deswegen ○ aus diesem Grund viele Reisende gern ihre Ruhe haben.

b Du solltest mich anrufen, wenn du dich verspätest, ○ darum ○ da ○ denn sonst mache ich mir Sorgen.

c Ihr solltet nicht zu früh da sein, ○ denn ○ daher ○ da die Gastgeber sonst vielleicht Stress bekommen.

d Viele Menschen möchten oder dürfen keinen Alkohol trinken.
○ Aus diesem Grund ○ Da ○ Denn ist eine Flasche Wein nicht immer ein gutes Geschenk.

e Es ist sehr gefährlich, das Mobiltelefon am Steuer zu benutzen.
○ Da ○ Deswegen ○ Weil mache ich mein Handy während der Fahrt immer aus.

f Zwischen 12 und 15 Uhr sollte man keinen Lärm machen, ○ da ○ deswegen ○ denn dann Mittagsruhe ist.

___ /5 Punkte

Kommunikation

7 Was passt? Kreuzen Sie an.

a ◆ So geht das nicht mehr weiter!
● ☒ Ach, bitte, so schlimm war das doch gar nicht. ○ Nicht schlecht!

b ◆ In meiner Heimat wäre es eindeutig unhöflich, wenn man Nachbarn nicht grüßt.
● ○ Das verspreche ich dir. ○ Bei uns ist das auch so.

c ◆ Sie parken schon wieder vor meiner Garage!
● ○ Können Sie nicht mal ein Auge zudrücken? ○ Das kommt überhaupt nicht infrage.

d ◆ Ab morgen esse ich keine Schokolade mehr.
● ○ Bist du sicher? Das ist doch nicht realistisch! ○ Es wird bestimmt nie wieder vorkommen.

e ◆ Entschuldigung, Sie gießen gerade nicht nur Ihre Blumen, sondern auch meinen Kopf.
● ○ Ach, seien Sie doch bitte so nett. ○ Tut mir leid, das ist mir wirklich unangenehm.

___ /4 Punkte

MEINE PUNKTE		___ /32 Punkte
☺ 27 – 32 Punkte	😐 17 – 26 Punkte	☹ 0 – 16 Punkte

NAME: ____________________

Hören 🔊 27

1 Wer sagt was? Kreuzen Sie an. Hören Sie das Gespräch zweimal.

	Moderatorin	Fr. Matthäus	Hr. Schwarz
a Wir präsentieren heute Projekte zum Zusammenleben von verschiedenen Kulturen.	☒	○	○
b In vielen Orten gibt es Hilfe für Migranten, um das Leben im neuen Land kennenzulernen.	○	○	○
c Bei der Willkommensgruppe gibt es Infomaterial in mehreren Sprachen.	○	○	○
d Wer Angst vor Terminen bei Behörden hat, kann in der Gruppe Hilfe bekommen.	○	○	○
e Bei den interkulturellen Kochtreffs lernen alle Teilnehmer die andere Kultur besser kennen.	○	○	○
f Es ist wichtig, dass die Menschen miteinander reden.	○	○	○
g Wer sich für neue Bürger engagieren möchte, kann sich melden.	○	○	○

.... */12 Punkte*

Lesen

2 Richtig oder falsch? Lesen Sie und kreuzen Sie an.

REGELN FÜR KINDER IM STRASSENVERKEHR

Helle Kleidung bevorzugen! Vor allem wenn es draußen dunkel wird, ist helle Kleidung im Straßenverkehr sicherer.

Nicht auf die Straße laufen! Passen Sie auf, dass Ihr Kind nur auf dem Bürgersteig spielt. Es darf beim Spielen nicht plötzlich auf die Fahrbahn laufen oder fahren. Das kann leider schnell passieren.

Auch bei grüner Ampel zu allen Seiten schauen! Kinder sollten die Straße natürlich nur bei grüner Ampel überqueren. Sie sollten außerdem lernen, dass man auch bei Grün immer nach links und rechts schaut, bevor man über die Straße geht. Sie müssen sicher sein, dass die Autofahrer wirklich anhalten.

Auf dem Bürgersteig fahren! Wenn Ihr Kind noch keine acht Jahre alt ist, muss es mit seinem Fahrrad auf dem Bürgersteig fahren. Auch Kinder bis zu zehn Jahren dürfen den Bürgersteig als Radfahrer benutzen, wenn sie sich dort sicherer fühlen. Natürlich müssen alle Kinder dabei Rücksicht auf Fußgänger nehmen.

Im Auto einen Kindersitz benutzen! Auch auf kurzen Strecken mit dem Auto sollten kleinere Kinder immer nur im Kindersitz fahren.

Aussteigen auf der richtigen Seite! Kinder sollten nur auf der Seite zum Bürgersteig aus dem Auto aussteigen, nie auf der Seite zur Straße.

Vorsicht an Bushaltestellen! An Bushaltestellen kann es gefährlich werden. Kinder sollten mit dem Rad nicht an stehenden Bussen vorbeifahren, sondern warten, bis alle Fahrgäste ein- und ausgestiegen sind und der Bus abfährt.

	richtig	falsch
a Kinder sollten weder dunkle Sachen tragen noch auf der Fahrbahn spielen.	☒	○
b Wenn die Ampel Grün ist, sollten sie die Straße schnell überqueren.	○	○
c Kinder bis zehn Jahre dürfen nicht auf der Straße Fahrrad fahren.	○	○
d Man sollte kleine Kinder nie ohne Kindersitz im Auto mitnehmen.	○	○
e Kinder sollten lernen, das Auto auf beiden Seiten zu verlassen.	○	○
f Wenn ein Bus steht, sollten Kinder warten, statt weiterzufahren.	○	○

.... */5 Punkte*

Schreiben

3 Schreiben Sie.

Sie erhalten einen Bußgeldbescheid (Aktenzeichen 63527) über 20 Euro, weil Sie zu schnell gefahren sind. Sie hatten ein krankes Kind im Auto und mussten schnell in ein Krankenhaus. Legen Sie Einspruch ein. Schreiben Sie etwas zu folgenden Punkten:
– Warum schreiben Sie?
– Warum haben Sie einen Bußgeldbescheid bekommen? Was wird Ihnen zur Last gelegt?
– Warum werden Sie das Bußgeld nicht bezahlen?
Vergessen Sie die Anrede, den Gruß und das Aktenzeichen nicht!

Bußgeldbescheid – ……………………

Sehr geehrte Damen und Herren, ……………………

……………………

……………………

……………………

……………………

……………………

……………………

……………………

…… / *5 Punkte*

Sprechen

4 Verbinden Sie.

a	Das ist	doch keine Absicht!
b	Aber das war	fest vorgenommen!
c	Das kommt	vollkommen recht!
d	Das habe ich mir	wirklich nicht in Ordnung!
e	Da haben Sie	nicht wieder vorkommen!
f	Es wird bestimmt	überhaupt nicht infrage!

(a – wirklich nicht in Ordnung!)

…… / *5 Punkte*

Sprechen

5 Ordnen Sie zu.

~~Das ist nicht in Ordnung~~ | ich wollte nur schnell | können Sie nicht mal ein Auge zudrücken | So geht das nicht mehr weiter | So schlimm ist das doch gar nicht

◆ Ihr Fahrrad steht schon wieder im Hausflur. Das ist nicht in Ordnung (a).
○ Tut mir leid. Wissen Sie, …………………… (b) meine Taschen in die Wohnung bringen.
◆ Ihr Rad kann hier wirklich nicht stehen.
○ Ach, bitte! …………………… (c). Es steht doch höchstens zehn Minuten hier.
◆ Aber das passiert fast jeden Tag. …………………… (d)! Beim nächsten Mal rufe ich den Vermieter an.
○ Wie bitte? Sagen Sie, …………………… (e)?

…… / *4 Punkte*

MEINE PUNKTE		…… / *31 Punkte*
☺ *25 – 31 Punkte*	😐 *16 – 24 Punkte*	☹ *0 – 15 Punkte*

NAME: ______________________

Wörter

1 Wie kann man das auch sagen? Ergänzen Sie.

a offen / verständnisvoll = t o l e r a n t
b vor zwei Tagen = v _ _ _ _ _ _ _ _
c nicht offen / versteckt = h _ _ _ _ _ _ _
d selbstsüchtig = e _ _ _ _ _ _ _ _ _
e in Zukunft = z _ _ _ _ _ _ _ _
f fast = b _ _ _ _ _ _

____ / 5 Punkte

Wörter

2 Was passt nicht? Streichen Sie.

a ~~die Geduld~~ – der Verein – der Kreis – die Organisation
b der Babysitter – die Betreuung – die Feuerwehr – die Tagesmutter
c die Klinik – das Altenheim – die soziale Einrichtung – die Gesellschaft
d unterstützen – klettern – versorgen – sich einsetzen
e ökologisch – wöchentlich – jahrzehntelang – mehrmals

____ / 4 Punkte

Wörter

3 Ordnen Sie zu. (Nicht alles passt.)

Bürgerinitiative | Dienst | Geduld | ~~Gesellschaft~~ | Kälte | Integration | Jugend | Organisationen

◆ Hast du auch den Eindruck, dass unsere Gesellschaft (a) ganz viele Schwierigkeiten hat? Ich spüre schon oft so etwas wie soziale ____________ (b).
○ Ach, ich weiß nicht. Es gibt doch so viele Menschen, die ehrenamtlich arbeiten. Ich bin zum Beispiel in einer ____________ (c) engagiert. Wir unterstützen Projekte zur ____________ (d) von Migrantinnen und Migranten.
◆ Oh, solche ____________ (e) finde ich toll. Aber es dauert so lange, bis sich etwas verändert.
○ Klar, man braucht schon ein bisschen ____________ (f).

____ / 5 Punkte

Grammatik

4 Ergänzen Sie.

a Alle mögen den Zirkus. Nur meine Schwester nicht. / Außer meiner Schwester.
b Alle finden Umweltschutz wichtig. Nur ich nicht. / ____________
c Niemand versteht meine Probleme. Nur du. / ____________
d Niemand interessiert sich für Philosophie. Nur mein Bruder. / ____________
e Alle haben Gewissensfragen. Nur deine Eltern nicht. / ____________

____ / 4 Punkte

Grammatik

5 Verbinden Sie die Sätze mit *bis* oder *seit*.

a Ich habe mich lange fremd gefühlt. Ich habe einen netten Sportverein gefunden.
Ich habe mich lange fremd gefühlt, bis ich einen netten Sportverein gefunden habe.
b Ich habe viele Kontakte. Ich bin in diesen Verein eingetreten.
____
c Ich spreche viel mehr Deutsch. Ich spiele Tischtennis im Verein.
____
d Ich bekomme viel Unterstützung. Ich bin Vereinsmitglied.
____
e Ich bleibe in diesem Verein. Ich kehre in meine Heimat zurück.
____

____ / 4 Punkte

Grammatik

6 Was passt? Kreuzen Sie an.

a Wir setzen uns für den Klimaschutz ein, ☒ indem ○ ohne dass wir mit den Fahrrädern statt mit dem Auto fahren.
b Mein Bruder engagiert sich für den Tierschutz, ○ indem ○ ohne dass er regelmäßig Geld an Tierschutzvereine spendet.
c Den Tennisplatz kannst du sogar nutzen, ○ indem ○ ohne dass du Mitglied im Verein bist.
d Ich habe gestern bei der Bürgerinitiative angerufen, ○ indem ○ ohne dass ich dort jemanden kannte.

...... /3 Punkte

Grammatik

7 Schreiben Sie Sätze mit *ohne dass* oder, wenn möglich, *ohne ... zu*.

a Ich möchte helfen. Ich möchte kein Mitglied in einer Organisation sein.
Ich möchte helfen, ohne Mitglied in einer Organisation zu sein.
b Die Nachbarschaftshilfe bietet Unterstützung an. Man muss dafür nicht bezahlen.
....
c Unsere Nachbarin liest den Kindern vor. Wir haben sie nicht gefragt.
....
d Lisa kann stundenlang zuhören. Sie verliert nicht die Geduld.
....

...... /3 Punkte

Kommunikation

8 Ordnen Sie das Gespräch.

○ Keine Sorge, wir werden sicher eine Lösung finden. Wie alt sind denn Ihre Kinder?
○ Hallo, ich bin Kaya Türküler, ich weiß gar nicht, ob ich bei Ihnen richtig bin.
○ Drei Jahre und ein halbes Jahr. Ich weiß gerade wirklich nicht, was ich machen soll.
○ Das wissen wir gleich. Was ist denn genau Ihr Problem, Herr Türküler?
○ Oh, geht das denn? Das wäre natürlich toll. Vielen Dank!
① Nachbarschaftshilfe Neuwied, mein Name ist Schulz. Was kann ich für Sie tun?
○ Meine Frau ist krank und ich muss arbeiten. Aber wer soll auf die Kinder aufpassen?
○ Ich habe da eine Idee. Wie wäre es denn, wenn ich Ihnen eine Tagesmutter schicke?

...... /7 Punkte

Kommunikation

9 Ordnen Sie zu.

dass wir eine Lösung finden | Ich habe da ein Problem | was genau Ihr Problem ist | wenn ich gleich mit Werkzeug vorbeikomme | ~~wie ich das machen soll~~

a ◆ Ich muss einen Herd transportieren. Ich weiß nicht, wie ich das machen soll.
○ Keine Sorge. Ich bin ganz sicher, ...
b ◆ Können Sie mir vielleicht weiterhelfen?
○ Jetzt erzählen Sie erst einmal, ...
c ◆ .... Ich brauche eine Säge und einen Hammer.
○ Da kann ich helfen. Wie wäre es, ...?

...... /4 Punkte

MEINE PUNKTE	...... /39 Punkte	
☺ 32 – 39 Punkte	😐 20 – 31 Punkte	☹ 0 – 19 Punkte

NAME: ______________________

Hören 🔊 28

1 Richtig oder falsch? Kreuzen Sie an. Hören Sie das Gespräch zweimal.

		richtig	falsch
a	Die Frau möchte sich über einen Verein informieren.	☒	○
b	Der Verein hilft Jugendlichen beim Start in den Beruf.	○	○
c	Die Mitglieder des Vereins sind Lehrerinnen und Lehrer.	○	○
d	Sie unterstützen die Jugendlichen, ihre beruflichen Wünsche kennenzulernen.	○	○
e	Die Ehrenamtlichen müssen zweimal wöchentlich arbeiten.	○	○
f	Die Jugendlichen brauchen oft Hilfe beim Bewerbungsschreiben.	○	○
g	Die Frau soll kostenlose Fortbildungen für die Vereinsmitglieder anbieten.	○	○
h	Die Frau muss aber zuerst an einem Treffen mit den anderen Ehrenamtlichen teilnehmen.	○	○

.... */14 Punkte*

Lesen

2 Was ist richtig? Lesen Sie den Text und kreuzen Sie an.

Hallo Martin,
es tut mir leid, dass ich mich so lange nicht gemeldet habe. Der Umzug nach Bonn war viel mehr Stress, als ich dachte. Jetzt ist alles fertig!
Puh, das war wirklich viel Arbeit. Und da meine Freunde ja – wie Du weißt – fast alle in Hamburg wohnen und ich immer noch keinen Führerschein habe, musste ich erst einmal Hilfe organisieren. Kennst Du „nachbarn-helfen.de"? Auf dieser Internetseite kann man online mit Nachbarn Kontakt aufnehmen. Das ist sehr praktisch. Ich habe einfach Nachrichten geschrieben, wenn ich etwas gebraucht habe – zum Beispiel Werkzeug oder starke Männer zum Tragen. Und dann hatte ich sehr schnell Angebote. Das hat super geklappt. Und ich habe so schon einige sehr hilfsbereite und nette Nachbarn kennengelernt. Einer ist mit mir und seinem Auto sogar zum Möbelhaus gefahren, um einen Schrank abzuholen. Nett, oder?
Am Samstag habe ich alle, die mir geholfen haben, zum Essen eingeladen. Der erste Besuch in meiner neuen Wohnung! Ich habe Pizza gemacht. Es war ein richtig schöner Abend.
Wann kommst Du denn mal zu Besuch? Das Gästesofa ist wahnsinnig bequem und meine Nachbarn lernst Du dann vielleicht auch kennen. ☺
Viele Grüße
Kai

a Kais Umzug war ○ leichter ☒ stressiger ○ schneller fertig als geplant.
b Kai brauchte Hilfe und hat ○ seine Freunde gefragt. ○ Handwerker angerufen. ○ sie im Internet gefunden.
c Kai hat über eine Internetseite ○ gutes Werkzeug gekauft. ○ schnell Hilfsangebote bekommen. ○ einen tollen Schrank gefunden.
d Ein Nachbar hat Kai ○ sein Auto geliehen. ○ am Möbelhaus abgeholt. ○ geholfen, einen Schrank zu transportieren.
e Kai hat die netten Helfer ○ zu sich nach Hause ○ in ein Restaurant ○ in seine alte Wohnung eingeladen.
f Kai möchte, dass Martin ○ ihn zu den Nachbarn bringt. ○ ihn bald besucht. ○ ihm mit dem Gästesofa hilft.

.... */5 Punkte*

Schreiben

3 Lesen Sie die Nachricht und schreiben Sie eine Antwort.

Du, ich habe ein Problem. Ich habe ohne Absicht eine SMS auf dem Handy meines Freundes gelesen … Eine Nachricht von einer Frau, die ich nicht kenne. Sie wollte meinen Freund treffen. Ich weiß nicht, was ich jetzt machen soll. Soll ich mit meinem Freund reden? Oder abwarten? Was würdest Du tun?

~~gern helfen~~ | nicht warten: du keine Geduld haben | Vorschlag: die Wahrheit sagen | erklären, was passiert ist | sagen, was du denkst | schlechte Erfahrungen gemacht: Geheimnisse in einer Beziehung

Klar, ich versuche gern, Dir zu helfen.
______
______
______
______
______

...... /6 Punkte

Sprechen

4 Ergänzen Sie.

Mein großes Vorbild

A l s i c h noch in der Schule w a r (a), w__ __ m__ __ __ V__ __ __ __ __ __ (b) Manuel Neuer. E__ i__ s__ __ (c) cool und natürlich total fit. E__ h__ __ seine Mannschaft o__ __ (d) gerettet. A__ m__ __ __ __ __ __ h__ __ m__ __ __ b__ __ __ __ __ __ __ __ __ __ (e), wie viel Ruhe er in das Spiel seiner Mannschaft bringt. I__ __ wo__ __ __ __ i__ __ __ __ w__ __ __ __ __ (f) wie er.

...... /5 Punkte

Sprechen

5 Ordnen Sie zu.

~~Ich bin ganz sicher, dass alles gut wird.~~ | Ich bin leider gerade in einer blöden Situation. | Ich habe da einen Vorschlag. | Ich habe da ein Problem. | Ich weiß nicht, was ich machen soll. | Was ist denn genau Ihr Problem?

jemanden um Hilfe bitten:	jemandem helfen:
______	Ich bin ganz sicher, dass alles gut wird.
______	______
______	______

...... /5 Punkte

MEINE PUNKTE		...... /35 Punkte
☺ 29 – 35 Punkte	😐 18 – 28 Punkte	☹ 0 – 17 Punkte

NAME: ______________________________

Wörter

1 Markieren Sie noch sechs Wörter und ordnen Sie zu.

a Ich möchte mich gern politisch engagieren.
b Ich habe gestern eine ______________ im Fernsehen gesehen.
c Ich finde es wichtig, dass der Milchpreis ______________ ist.
d Die Regierung hat ein neues ______________ zur Vereinbarkeit von Familie und Beruf gemacht.
e Auch die Bürger haben die ______________, etwas zu verändern. Sie können gegen die Pläne der Regierung protestieren, zum Beispiel mit einem ______________.
f Auch mit Demonstrationen kann man ein ______________ setzen.

D	R	W	Q	G	J	L	Z	C
V	E	M	F	Q	X	A	E	S
C	P	N	A	M	R	Y	I	P
P	O	L	I	T	I	S	C	H
K	R	V	R	X	B	T	H	S
H	T	G	D	S	Q	R	E	P
M	A	C	H	T	Ö	E	N	Ä
D	G	Z	L	F	M	I	Y	C
G	E	S	E	T	Z	K	U	G

_____ /6 Punkte

Wörter

2 Ergänzen Sie.

a die Nation national
b der Körper ______________
c die Politik ______________
d die Stadt ______________
e der Ort ______________

_____ /4 Punkte

Wörter

3 Was passt? Kreuzen Sie an.

a Die Chefin der Regierung ist in Deutschland die ☒ Bundeskanzlerin. ○ Präsidentin. ○ Bürgermeisterin.
b Innerhalb einer Stadt liegt die ○ Zone ○ Höchstgeschwindigkeit ○ Grenze bei 50 Stundenkilometern.
c Es gibt deutliche ○ Ereignisse ○ Zeichen ○ Fortschritte in der politischen Diskussion. Die Politiker werden sich bestimmt bald einigen.
d Es ist wichtig, die Talente von Kindern ○ zu empfangen. ○ zu fördern. ○ weiterzubilden.
e Eine Bombe kann auch viele Jahre nach dem Krieg noch gefährlich sein und Menschen ○ töten. ○ kämpfen. ○ zubereiten.

_____ /4 Punkte

Grammatik

4 Ergänzen Sie *wurde* oder *ist*.

a Wann wurde Wolfgang Amadeus Mozart geboren?
b Wann ______________ das Klavier erfunden worden?
c Wann ______________ zum ersten Mal eine Frau zur Bundeskanzlerin gewählt?
d Wann ______________ der erste Streik organisiert worden?
e Wann ______________ das erste Auto gebaut?

_____ /4 Punkte

Grammatik

5 Schreiben Sie je zwei Sätze wie im Beispiel.

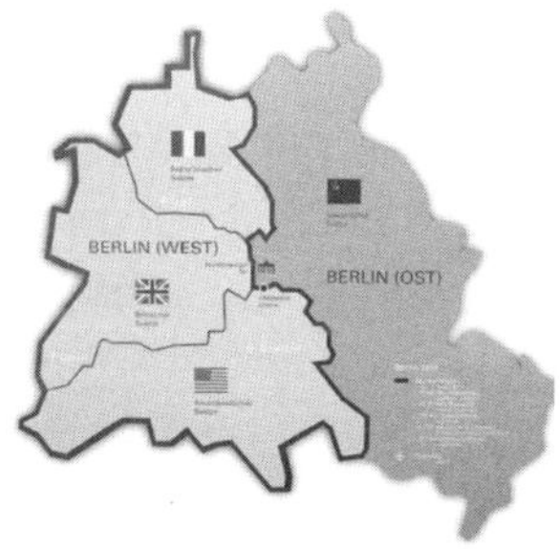

a im Krieg – viele Städte – durch Bomben zerstören
Im Krieg wurden viele Städte durch Bomben zerstört.
Im Krieg sind viele Städte durch Bomben zerstört worden.

b nach dem Krieg – Deutschland – in vier Zonen teilen
....
....

c 1961 – in Berlin – eine Mauer – bauen
....
....

d erst 1989 – die Mauer und die Grenze – wieder öffnen
....
....

.... */6 Punkte*

Grammatik

6 Ergänzen Sie in der richtigen Form.

a ◆ Was war das schönste (schön +++) Ereignis in deinem Leben?
○ Unsere Hochzeit war wunderschön, aber unser erster Kuss war ein noch .... (toll ++) Augenblick für mich.

b ◆ Wärst du lieber mit einem .... (schnell ++) Auto unterwegs?
○ Nein, eine Fahrt mit unserem Auto ist das .... (spannend +++) Abenteuer.

c ◆ Wir haben gestern vor dem Rathaus protestiert. Ich habe noch nie eine .... (groß ++) Demonstration gesehen.
○ Du warst bestimmt der .... (engagiert +++) Teilnehmer.

d ◆ Der amerikanische Präsident gehört zu den .... (bekannt +++) Menschen der Welt.
○ Aber hat er in der westlichen Welt auch die .... (groß +++) Macht?

.... */7 Punkte*

Kommunikation

7 Wie kann man das auch sagen? Verbinden Sie.

a Meiner Ansicht nach ...	Das waren ein paar Informationen.
b Davon halte ich nicht viel.	Das kann ich nur befürworten.
c Ganz meine Meinung.	Meiner Meinung nach ...
d Nun habt ihr einen Einblick bekommen.	Das kann ich nur ablehnen.

.... */ 3 Punkte*

Kommunikation

8 Ordnen Sie zu.

bei uns | der Unterschied ist | im Gegensatz zu | ~~verglichen mit~~

◆ Wir geben verglichen mit (a) anderen Ländern zu wenig Geld für Bildung aus. Ich finde, dass man junge Menschen .... (b) deutlich besser fördern sollte.

○ Ja, aber .... (c), dass man hier .... (d) anderen Ländern keine Gebühren für ein Studium zahlen muss.

.... */ 3 Punkte*

MEINE PUNKTE		.... */37 Punkte*
☺ *31 – 37 Punkte*	😐 *19 – 30 Punkte*	☹ *0 – 18 Punkte*

NAME: ______________________

Hören
🔊 29

1 Was ist richtig? Kreuzen Sie an. Hören Sie den Vortrag zweimal.

a Der Mann ○ leitet eine Stadtführung in Berlin. ○ hält einen politischen Vortrag. ☒ erzählt von Erlebnissen seines Vaters.

b Als die Mauer gebaut wurde, lebte der Vater ○ mit seinen Eltern und Geschwistern ○ mit seinen Brüdern und einer Tante ○ mit seinem Vater in Ostberlin zusammen.

c Der Vater hat im Sommer 1961 ○ Verwandte in Süddeutschland besucht. ○ oft ein Mädchen im Westteil der Stadt getroffen. ○ viele Mädchen in einem Park kennengelernt.

d Der Bau der Mauer war für den Vater ○ eine Überraschung. ○ eine Gelegenheit, Maria wiederzusehen. ○ eine spannende Entwicklung.

e Der Vater hat vergeblich versucht, ○ Kontakt zu Maria aufzunehmen. ○ Maria von seiner Liebe zu überzeugen. ○ mit Maria in den Westen zu fliehen. ...... */8 Punkte*

Lesen

2 Welche Überschriften passen? Lesen Sie und ordnen Sie zu. (Nicht alles passt.)

Bürger fordern den Bau einer neuen Sporthalle | Protest gegen den Mangel an Kita-Plätzen | ~~Demonstration gegen Schließungspläne~~ | Mehr Radwege, weniger Unfälle | Mehr Sicherheit für Radfahrer | Neue Betreuungsangebote geplant

a *Demonstration gegen Schließungspläne*

In Ermeldingen protestierten gestern rund 150 Bürgerinnen und Bürger gegen die Pläne, die Sporthalle am Friesenwall zu schließen. Laut Presseamt der Stadt sind die Schäden am Dach so groß, dass sich eine Reparatur nicht mehr lohnt. Die Demonstranten forderten von der Stadt, schnell für eine Alternative zu sorgen. „Für die Sportvereine und die Schulen in der Nachbarschaft ist diese Halle enorm wichtig", sagte Helge Jansen, der Sprecher des Handballvereins TSE.

b ______________________

Über 70 Bürgerinnen und Bürger haben am Samstag auf dem Michelsplatz für einen neuen Kindergarten demonstriert. „Wir brauchen in unserem Viertel deutlich mehr Betreuungsplätze für Kinder", sagte ein junger Vater. „Es kann nicht sein, dass zahlreiche Familien hier kein Angebot finden." Eine zusätzliche Betreuungseinrichtung würde den Stadtteil deutlich attraktiver machen.

c ______________________

Am Sonntag haben über 100 Radfahrerinnen und Radfahrer für sicherere Radwege in Bergheim demonstriert. Vor allem an gefährlichen Kreuzungen (etwa an der Viktoriabrücke oder am Martinsplatz) sind in den letzten Monaten zahlreiche Unfälle mit Radfahrern passiert. „Wenn die Stadt hier die Spuren für Radfahrer deutlich besser markiert, werden wir von den Autofahrern besser gesehen. Und das bringt Sicherheit für alle", erklärte eine Sprecherin des Bergheimer Radklubs.

...... */4 Punkte*

Schreiben

3 Lesen Sie die Nachrichten und schreiben Sie eine Antwort.

> Hi, bei uns im Büro darf man rauchen. Das gilt, wenn alle Kollegen, die in dem Raum arbeiten, einverstanden sind. Ist das bei Euch auch so? Viele Grüße!

~~Anrede~~ | bei uns anders | strengere Vorschriften | im ganzen Gebäude: Rauchen verboten | draußen rauchen | meine Meinung: gut | Gruß

Hi, ……………………………………

……………………………………

……………………………………

……………………………………

……………………………………

……………………………………

…… / 6 Punkte

Sprechen

4 Ordnen Sie die Präsentation.

- ◯ Zuerst möchte ich erklären, wie …
- ◯ Ich hoffe, meine Präsentation hat euch gefallen.
- ◯ Habt ihr noch Fragen? Wenn nicht, dann komme ich zum zweiten Punkt.
- ◯ Nun habt ihr einen Einblick in … erhalten.
- ◯ Zum Abschluss zeige ich euch noch, was …
- (1) Ich erzähle euch etwas über …
- ◯ Vielen Dank für eure Aufmerksamkeit!
- ◯ Der zweite Punkt der Präsentation beschäftigt sich mit der Frage: …

…… / 7 Punkte

Sprechen

5 Ordnen Sie zu.

Das kann ich nur befürworten | davon halte ich nicht viel | ganz meine Meinung | Ich bin für | In diesem Zusammenhang finde ich wichtiger | ~~Meiner Ansicht nach~~

◆ Findet ihr Demonstrationen sinnvoll?

○ Meiner Ansicht nach (a) sind Demonstrationen ein wichtiges Mittel, um politisch etwas zu verändern.

▲ Ja, ………………… (b)! Demonstrationen sind sehr sinnvoll und Teil der Rechte, die jeder Bürger hat.

◻ Also, ………………… (c). Auch ohne Demonstrationen kann man die Politik beeinflussen. ………………… (d), dass jeder Bürger zur Wahl geht und seine Stimme abgibt. Und was ist deine Meinung zur Rolle von Demonstrationen?

◆ ………………… (e) Demonstrationen. Sie sind die Macht der Bürger.

○ ………………… (f). Ich demonstriere deswegen oft.

…… / 5 Punkte

MEINE PUNKTE		…… / 30 Punkte
☺ 25 – 30 Punkte	😐 16 – 24 Punkte	☹ 0 – 15 Punkte

NAME: ....

Wörter

1 Bilden Sie Wörter und ordnen Sie zu.

bäck che de De ~~fi~~ Flä Ge gra hau Kon kra nent Mi mo ~~Pro~~ rer se ti tie tion wan Zu Zu

a jemand, der etwas gut kann = ein Profi
b Süßes, das gebacken wurde = das ....
c die Aus- und Einwanderung = die ....
d eine politische Staatsform = die ....
e Größe eines Landes = die ....
f der Migrant = der ....
g Afrika ist ein ....
h die Heimat = das ....

.... / 7 Punkte

Wörter

2 Ergänzen Sie.

a ordnen — die Ordnung
b flach — ....
c .... — die Integration
d traditionell — ....
e frei — ....
f .... — der Braten

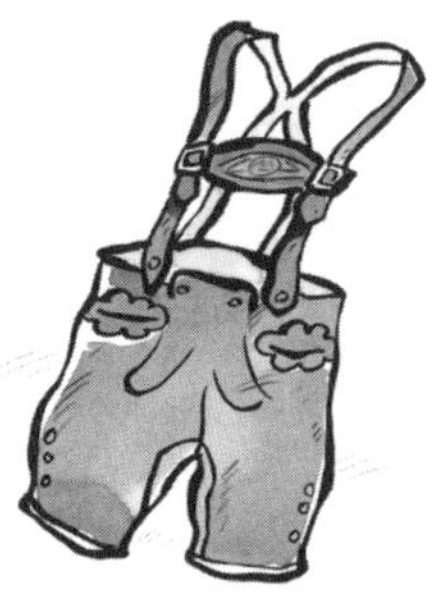

.... / 5 Punkte

Wörter

3 Ergänzen Sie.

a Eine Tasche, die man mit der Hand tragen kann, ist eine Handtasche.
b Das Land der Herkunft ist das ....
c Die Freiheit zu reisen, ist die ....
d Eine Pfanne, mit der man braten kann, ist eine ....
e Ein Topf, mit dem man kocht, ist ein ....

.... / 4 Punkte

Grammatik

4 Was passt zusammen? Verbinden Sie.

a Ich treffe mich morgen — über Essen.
b Ich freue mich schon seit Wochen — von meinem neuen Rezept.
c Wir sprechen gern — mit meiner Schwester.
d Ich erzähle ihr dann — um unsere Eltern.
e Meine Schwester kümmert sich — an unsere gemeinsame Kindheit.
f Ich denke oft — auf unser Wiedersehen.

(Beispiel: a — mit meiner Schwester.)

.... / 5 Punkte

Grammatik

5 Ordnen Sie zu. (Nicht alles passt.)

Woran | Worauf | ~~Wofür~~ | Womit | Worüber | Worum | Wovon | Wovor | Wozu

Liebe Amanda,
ich möchte Dich gern besser kennenlernen. Wofür (a) interessierst Du Dich? ________ (b) sprichst Du gern? ________ (c) denkst Du, wenn Du nicht einschlafen kannst? ________ (d) hast Du Angst? ________ (e) beschäftigst Du Dich gern, wenn Du viel Zeit hast? ________ (f) träumst Du? Okay, ich bin sehr neugierig! ☺
Ich freue mich schon sehr auf Deine Antwort.
Liebe Grüße, Pavel
PS: Ich möchte gern mal wieder für Dich kochen. ________ (g) hast du Lust? Pizza, Salat, Nudeln ...?

____ /6 Punkte

Grammatik

6 Ergänzen Sie.

a ◆ Oh, deine Wohnung hat ja einen Balkon!
○ Ja, das ist toll, oder? Davon habe ich schon seit Jahren geträumt.

b ◆ Danke für die Glückwünsche zu meinem Geburtstag.
○ Ehrlich gesagt habe ich mich selbst gewundert, dass ich ________ gedacht habe.

c ◆ Du hast ja total viele Bücher über Eisenbahnen! Ich wusste gar nicht, dass du dich ________ interessierst.
○ Wir haben ja auch noch nie ________ gesprochen.

d ◆ Ich dachte, du magst Überraschungen. Freust du dich denn gar nicht ________, dass wir gekommen sind?
○ Überraschung? Ich habe ________ gewartet, dass ihr kommt.

e ◆ Die Kaffeemaschine ist kaputt. Könntest du dich bitte ________ kümmern?
○ Also, ________ habe ich nun wirklich keine Zeit.

____ /7 Punkte

Kommunikation

7 Ergänzen Sie.

a ◆ Bei dem Wort „Gemeinschaft“ denke ich an (a) meine Freunde und meine Familie.
○ M__ „Gemeinschaft“ v________ i__ (b), dass man sich gegenseitig hilft, wenn es mal Probleme gibt.
▲ „Gemeinschaft“ b________ f__ m__ (c) auch Vertrauen.

b ◆ B__ u__ i__ m__ g__ (d) Pad Thai, das ist ein traditionelles Gericht aus Reisnudeln. D__ s________ (e) total lecker. Das gibt es auch vegetarisch.
○ E__ S________ a__ m________ H________ (f) ist Bibimbap. D__ i__ e__ G________ (g) aus Reis, Fleisch und viel Gemüse. Hast du das schon mal gegessen?

____ /6 Punkte

MEINE PUNKTE		____ /40 Punkte
☺ 33 – 40 Punkte	😐 21 – 32 Punkte	☹ 0 – 20 Punkte

NAME: ______________________________

Hören
🔊 30–33

1 Was ist richtig? Kreuzen Sie an. Hören Sie jedes Gespräch einmal.

a Der Mann kocht eine Suppe mit: ☒  ○ 

Die Suppe soll möglichst ○ viele Zutaten haben. ☒ lange kochen. ○ warm gegessen werden.

b Das Gericht wird mit ○  ○  zubereitet.

Das Gericht wird ○ gekocht. ○ gebraten. ○ gebacken.

c Der Salat ist mit: ○  ○ 

Man braucht für das Gericht auf jeden Fall ○ Salat. ○ Gemüse. ○ Nudeln.

d Das Rezept von Opa ist eine: ○  ○ 

Für den Teig verwendet man am besten Mehl ○ von sehr guter Qualität.
○ mit Gewürzen. ○ aus einem Spezialgeschäft.

.... */12 Punkte*

Lesen

2 Lesen Sie die Kommentare zu einem Artikel über die Europäische Union. Welche Personen sehen die EU positiv? Kreuzen Sie an.

Ben Bauer:	Danke für Ihren Artikel! Auch wenn viele – wie Sie – die neuesten Entwicklungen kritisch sehen: Ich halte viel von der EU. Meiner Meinung nach ist die Zusammenarbeit zwischen den europäischen Ländern eine Garantie für den Frieden. Natürlich gibt es auch Probleme. Aber die gibt es ja immer.
Rafael Wolf:	Ganz meine Meinung: So wie die EU jetzt arbeitet, brauchen wir sie eigentlich nicht. Sie kostet uns Steuerzahler nur viel Geld. Darauf kann ich gut verzichten!
Judith Kowalski:	Die EU hat so viele Vorteile für uns Bürger gebracht! Das darf man doch nicht einfach vergessen! Frieden, Demokratie und Reisefreiheit – und ganz viel Sicherheit! Warum verbreiten Sie in schwierigen Zeiten so negative Stimmung gegen die EU? Ich lehne diese Art von Kritik ab.
Francesco Rosso:	Danke für Ihren spannenden Artikel, über den man viel diskutieren kann. Ich sehe vieles genauso wie Sie! Warum dauern in der EU wichtige politische Entscheidungen so lang? Ich sehe da auch in den letzten Jahren keine Verbesserung. Für mich macht diese Zusammenarbeit wenig Sinn.
Tabea Kalitzky:	Sie schreiben: „Jedes Land vertritt in der EU nur seine eigenen Interessen." Das ist aber nicht die ganze Wahrheit, denn alle Länder zusammen suchen gemeinsam nach einer Lösung. Bei der Zusammenarbeit von Menschen und Ländern gibt es immer Kompromisse. Auch wenn Ihnen das nicht gefällt: Die EU ist ein Erfolgsmodell!

a Ben Bauer ☒
b Rafael Wolf ○
c Judith Kowalski ○
d Francesco Rosso ○
e Tabea Kalitzky ○

.... */4 Punkte*

Schreiben

3 Sie planen ein Sommerfest in Ihrem Betrieb. Schreiben Sie eine E-Mail an Ihre Kolleginnen und Kollegen.

~~Anrede~~ | Plan: Sommerfest | welcher Termin passt? 24. Juli oder 16. August? | Aufgaben verteilen | sich kümmern um: Getränke? | mitbringen: Kuchen und Salate? | dekorieren? | Gruß

Liebe Kolleginnen, liebe Kollegen,

....

....

....

....

....

....

....

....

.... /7 Punkte

Sprechen

4 Ordnen Sie zu.

~~bedeutet für mich~~ | Das Land grenzt | denn wir haben kein Wort dafür | Ich komme aus | wo Kirgistan liegt

- ◆ „Gemütlich" bedeutet für mich (a), einen ruhigen Abend auf dem Sofa zu verbringen. Und woran denkst du bei dem Wort „gemütlich"?
- ○ Gemütlich? Hm. Das ist nicht leicht, ... (b).
- ◆ Oh, das wusste ich nicht. Woher kommst du denn?
- ○ .... (c) Kirgistan und lebe seit drei Jahren in Österreich.
- ◆ Das ist ein bisschen peinlich, aber ich weiß gar nicht, ... (d).
- ○ .... (e) im Norden an Kasachstan und im Osten an China.
- ◆ Ah, okay.

.... / 4 Punkte

Sprechen

5 Wie kann man das auch sagen? Verbinden Sie.

a	Ich kümmere mich um ...	Damit verbinde ich ...
b	Bei uns isst man gern ...	Ich erinnere mich noch gut an ...
c	Das bedeutet für mich ...	Ich sorge für ...
d	Ich weiß noch genau ...	Eine Spezialität aus meiner Heimat ist ...

.... /3 Punkte

MEINE PUNKTE		.... /30 Punkte
☺ 25 – 30 Punkte	😐 16 – 24 Punkte	☹ 0 – 15 Punkte

Lektion 1

TEST 1

1 **b** der Mut **c** der Ärger **d** der Gewinn **e** das Erlebnis **f** die Überraschung **g** die Meldung **h** der Bericht
2 **b** eine Straße absperren **c** einen Einbrecher festnehmen **d** einen Termin absagen **e** einer Einladung folgen **f** sich ein Bein brechen
3 **b** die Stimme **c** sich wundern **d** der Vorhang **e** tief
4 **b** schlief **c** öffnete **d** hörte **e** erschrak **f** blieb **g** rief **h** kamen **i** wunderten **j** fanden **k** blutete **l** nahmen ... fest **m** brachten
5 **b** Jedes Mal, wenn das Flugzeug sein Ziel erreicht, bin ich froh. **c** Als ich im letzten Jahr in einen Italiener verliebt war, bin ich oft nach Italien geflogen. **d** Jedes Mal, wenn ich dich sehen wollte / sehen will, musste / muss ich in ein Flugzeug steigen.
e Als wir uns das letzte Mal getroffen haben, war ich viel mutiger als früher.
6 **b** Lisa und Tim haben sich im Kino in die erste Reihe gesetzt. Sie hatten zuerst einen Platz in der Mitte gesucht. **c** Lukas hat sich verletzt. Er war mit dem Motorroller über einen dicken Stein gefahren und gestürzt. **d** Der Hund hat mich gebissen. Ich hatte ihn geärgert.
7 **b** hatte gerade **c** bemerkte ... nicht **d** zur gleichen Zeit **e** Und dabei
8 **b** aufregend, wenn ich im Wald spielen durfte. **c** immer gut gefallen, wenn ich in der Natur war.
d manchmal Angst, wenn ich unterwegs war. **e** sehr wehgetan, als ich auf einen Baum geklettert bin.

TEST 2

1 **b** falsch **c** richtig **d** falsch **e** falsch **f** richtig **g** falsch **h** falsch
2 **b** unter anderem bestimmte Tiere.
c ob Glücksbringer überhaupt helfen. **d** an sie glauben. **e** ist erfolgreicher.
3 **Beispiel:** vielen Dank für Ihre Nachricht. Der Unfall ist am 5. August gegen 18.30 Uhr passiert. Ich spielte mit meinen Kindern auf der Straße Ball. Zur gleichen Zeit ging eine junge Frau auf dem Bürgersteig. Versehentlich schoss ich den Ball Richtung Bürgersteig und traf die Frau am Kopf. Ihre Brille fiel auf den Boden. Zum Glück war die Frau nicht verletzt, aber ihre Brille war kaputt. Der Schaden beträgt 150 Euro.
Mit freundlichen Grüßen
4 **a** Ich glaube nicht an so etwas **b** beschützt mich, Ich wünsche dir **c** bringt mir Glück, dann nehme ich ihn immer mit

Lektion 2

TEST 1

1 **b** Band **c** Gewalt **d** Vergangenheit **e** Hit **f** Verlierer **g** Humor **h** Medien **i** Star; Lösungswort: Abenteuer
2 **b** der Typ **c** das Krankenhaus **d** die Großstadt **e** der Strand **f** der Fall
3 **b** erfinden **c** beschäftigen **d** begegnen **e** erfüllen
4 **a** total **b** ziemlich **c** besonders **d** überhaupt
5 **b** Sie findet Kriminalgeschichten toll, obwohl sie kein Blut sehen kann. **c** Am liebsten schaut sie „Tatort“, obwohl die Fälle nicht immer gut sind. **d** Sie schaut die Krimis allein, obwohl ihre Freunde sie oft einladen. **e** Manchmal hat sie Angst, obwohl sie weiß, dass es nur ein Film ist.
6 **b** dem **c** den **d** der **e** die **f** das **g** denen
7 **b** in der heutigen Zeit. **c** vom Alltag in einem Büro. **d** die Hauptfigur, die ziemlich verrückt ist.
8 von oben nach unten: 2, 4, 6, 1, 3, 5, 7

TEST 2

1 **b** 30 **c** das alltägliche Leben von fünf schönen reichen Frauen. **d** helfen vor allem sich selbst. **e** spannende Komödie. **f** Schauspieler so gut
2 **b** falsch **c** richtig **d** falsch **e** falsch **f** richtig
3 **Beispiel:** Hallo, ich empfehle Dir den Film „Vergissmichnicht“. Ich glaube, der Film kommt aus Frankreich oder Belgien. Er wurde 2010 gedreht und spielt auch in dieser Zeit. Er handelt von einer Frau, die an ihrem 40. Geburtstag Post von sich selbst (als Kind) bekommt. Das ändert ihr Leben. Die Hauptrolle spielt Sophie Marceau. Der Film ist sehr lustig, aber er stellt auch viele interessante Fragen: Wie soll man leben? Was ist wichtig? Darum mag ich den Film!
4 etwas vorschlagen: Habt ihr Lust auf ...? Ich würde lieber ... Lasst uns doch ... Wie wäre es wenn, ...? Wir könnten doch ...; etwas ablehnen: Das Thema interessiert mich nicht so. Ich finde das keine so gute Idee. Ich möchte das wirklich nicht. Nein, auf keinen Fall.; zustimmen: Da hast du völlig recht. Einverstanden! Ich bin auch dafür. In Ordnung! Lass uns das machen.

Lektion 3

TEST 1

1 der Verband, der Magen, das Labor, der Schreibblock, die Konferenz, der Quark, das Vitamin, das Fett
2 **b** Schlafmangel **c** extrem **d** ausreichend **e** Wirkung **f** stressig **g** umgehen **h** Fachmann
3 **b** überreden **c** vereinbaren **d** führen **e** Hälfte **f** atmen **g** flach **h** ebenfalls
4 **a** des Medikaments **b** meiner, Ihrer, eines Fachmanns, Ihrer **c** der, des Monats
5 **b** muss regelmäßig gemessen werden **c** kann am besten morgens abgenommen werden **d** darf nicht verschrieben werden **e** sollten ernst genommen werden **f** kann durch ausreichend Schlaf vermieden werden
6 **a** Können Sie mir einen Rat geben, Ich würde an Ihrer Stelle **b** Kennen Sie vielleicht, ich empfehle Ihnen, der soll wirklich helfen
7 **b** Es wäre toll, wenn **c** Wären Sie vielleicht so nett **d** Bitte seien Sie so nett

TEST 2

1 **b** richtig; bald wieder gesund ist. **c** falsch; vorbereiten. **d** richtig; gut kontrolliert **e** falsch; eine Woche
2 2 E 3 B 4 C 5 A

3 **Beispiel:** es tut mir wirklich leid, ich kann heute leider nicht kommen. Ich bin krank. Mein Arzt hat mich bis Freitag krankgeschrieben. Die Krankmeldung ist auch schon in der Post. Viele Grüße

4 **b** Darum werde ich mich kümmern **c** Das ist nämlich dringend **d** das mach ich doch gern **e** der nächste wichtige Punkt ist

5 **b** Drei Viertel der Gruppe ... **c** Ein Drittel von uns ... **d** Die meisten unserer Gruppe ...

Lektion 4

TEST 1

1 **b** lügen **c** aufschreiben **d** merkwürdig **e** darum **f** Portemonnaie **g** schimpfen **h** korrekt; Lösungswort: Herkunft

2 **b** übersetzen **c** verstecken **d** vergleichen **e** mischen **f** stammen

3 **b** die Eile **c** die Mensa **d** der Präsident

4 **b** Deswegen **c** Deswegen **d** wegen **e** wegen **f** weil

5 **b** meiner Prüfung **c** eines Staus **d** deines Humors

6 **b** Wenn du mehr lächeln würdest, würdest du sympathischer aussehen. **c** Wenn ich mehr üben würde, wäre meine Aussprache besser. **d** Wenn wir mehr Zeit hätten, würden wir noch eine Fremdsprache lernen.

7 **b** Darf ich dich etwas fragen **c** Wie war bitte **d** habe ich das richtig **e** Was meinen Sie mit, das Wort habe ich noch nie

8 **b** Könntest du das bitte wiederholen **c** Könntest du bitte langsamer sprechen **d** Was meinst du damit

TEST 2

1 richtig: b, d

2 **b** IngoK **c** JuttaS **d** IngoK **e** SandraS **f** SandraS **g** JuttaS **h** Dominik75

3 **Beispiel:** Meine Muttersprache ist Griechisch. Ich spreche fließend Englisch. Ich habe die Sprache sechs Jahre in der Schule gelernt. Außerdem habe ich ein Jahr in den USA gelebt. Ich habe gute Spanischkenntnisse, weil ich Spanisch drei Jahre lang in der Schule gelernt habe. Und jetzt spreche ich auch ein bisschen Deutsch. Ich lerne das seit zehn Monaten in einem Integrationskurs.

4 **b** Was bedeutet „Bedienungsanleitung"? **c** Könnten Sie bitte langsamer sprechen? **d** Entschuldigung, habe ich das richtig verstanden? Der Kurs fällt heute aus? **e** Könnten Sie das bitte wiederholen? **f** Entschuldigung, wie war Ihr Name?

Lektion 5

TEST 1

1 **b** Konkurrenz **c** nebenbei **d** zuständig **e** Tätigkeit **f** komme ... zurecht **g** technische **h** erwarten

2 **b** Voraussetzung. **c** Lebenslauf. **d** Handel **e** Unterstützung

3 **b** genügen **c** aufhören **d** feststellen **e** überlegen **f** herstellen

4 **b** Ich kann mir gut vorstellen, etwas Neues anzufangen. **c** Es ist toll, Menschen zu helfen. **d** Ich fange vielleicht bald an, Bewerbungen zu schreiben. **e** Ich bin es gewohnt, neue Tätigkeiten auszuprobieren.

5 **b** – **c** – **d** zu **e** zu **f** zu **g** –

6 **b** außerhalb der **c** während des **d** innerhalb einer **e** während der

7 **b** Ich muss einen Kollegen vertreten **c** Hast du noch nie daran gedacht **d** Ist es nicht total anstrengend **e** Ich bin das doch gewohnt

8 **b** Ich suche immer noch eine Stelle **c** ich habe ... ein Praktikum **d** war ich ...tätig **e** Ist das nicht **f** Ich muss jetzt leider los **g** dich mal wieder zu sehen

TEST 2

1 **b** fast zu Ende. **c** noch weiterlernen **d** während der Schulzeit **e** möglichst genau zu arbeiten. **f** Frau Kolle und die Kollegen zu überzeugen. **g** haben fast alle viel Berufserfahrung.

2 **2** D **3** X **4** E **5** B **6** A

3 **Beispiel:** mit großem Interesse habe ich Ihre Anzeige gelesen und bewerbe mich hiermit um die Stelle als Krankenpfleger. Wie meine Unterlagen zeigen, habe ich nach meiner Ausbildung zwei Jahre im Krankenhaus gearbeitet. Dort habe ich Erfahrungen im Umgang mit älteren Patienten gesammelt. Es macht mir Spaß, selbstständig zu arbeiten. Über eine Einladung zu einem persönlichen Gespräch würde ich mich sehr freuen. Mit freundlichen Grüßen

4 **b** Ja, zurzeit ist es stressig. Eine Kollegin ist krank, ich muss sie vertreten. **c** Doch, klar! Ich mache auch nicht gern Überstunden. **d** Nein, die Arbeit ist interessant und ich komme mit den Kollegen gut zurecht. **e** Ich bin für die Beratung der Kunden zuständig. Ich bin also viel unterwegs.

Lektion 6

TEST 1

1 **b** Waschmittel **c** Zahncreme **d** Klimaanlage **e** Bedienungsanleitung **f** Heimweh

2 **b** Anspruch auf etwas haben **c** ein finanzielles Risiko eingehen **d** ein Problem gemeinsam lösen **e** eine Firma neu gründen **f** kranke Menschen betreuen

3 **b** ärgerlich **c** höchstens **d** jahrelang **e** zurückfordern **f** auffordern **g** umtauschen **h** enttäuschen

4 **b** ohne **c** statt **d** statt **e** ohne

5 **a** es **b** es, –, Es **c** es, – , –

6 **b** um **c** um **d** damit **e** damit

7 **b** Sie hört gut zu, um die Wünsche der Kunden genau zu verstehen. **c** Sie macht verschiedene Vorschläge, damit die Kunden eine Auswahl haben. **d** Sie verkauft nur gute Produkte, damit die Kunden zufrieden sind und wiederkommen.

8 von oben nach unten: 5, 1, 6, 2, 4, 3

9 **b** Ich kann dir ... nur raten **c** Versuch doch mal **d** Was hältst du davon

TEST 2

1 **b** Hr. Kurz **c** Fr. Dr. Hahn **d** Moderator **e** Fr. Dr. Hahn **f** Hr. Kurz
2 **b** Originelle Geschäftsideen gesucht **c** Berufliche Kommunikation trainieren **d** Neue Perspektiven im Job
3 **Beispiel:** am 15.6. habe ich online eine Tasche bestellt. Mir gefällt die Tasche sehr gut, aber leider musste ich feststellen, dass Sie die Tasche in der falschen Farbe geschickt haben. Sie ist dunkelbraun, ich hatte jedoch eine hellbraune Tasche bestellt. Das finde ich sehr ärgerlich. Ich möchte Sie bitten, die Tasche umzutauschen. Bitte bestätigen Sie mir schriftlich, dass Sie meine Reklamation erhalten haben. Über eine schnelle Bearbeitung würde ich mich sehr freuen.
Mit freundlichen Grüßen
4 **b** Wie wär's mit **c** Das ist mir zu teuer **d** Vielen Dank für Ihre Hilfe **e** wenn ich sonst noch etwas für Sie tun kann
5 **b** Mein Rat wäre, ... **c** Wenn ich Sie wäre, würde ich ... **d** Was halten Sie davon, ...?

Lektion 7

TEST 1

1 **b** mitten **c** Meinetwegen **d** längst **e** bloß **f** wesentlich
2 **b** die Mauer **c** das Eigentum **d** die Chance **e** die Frechheit
3 **b** der Farbstift **c** das Brennholz **d** die Rechtsanwältin **e** die Innenstadt
4 **b** wegen **c** trotz **d** Trotz
5 **b** aber **c** nicht nur **d** sondern auch **e** Entweder **f** oder
6 **b** Das Bad hat zwar kein Fenster, aber (es hat) eine ganz neue Badewanne. **c** Meine Nachbarn haben mich nicht nur zum Abendessen, sondern auch zum Filmabend eingeladen. **d** Alle unsere Nachbarn haben entweder selbst Kinder oder (sie) mögen Kinder.
7 **a** wärst ... gewesen **b** Hätten ... angerufen, hätten ... bekommen **c** hätte ... geholfen, wäre ... passiert
8 **b** Ach, wirklich? Das ist ja merkwürdig. **c** Also, das ist ja ein starkes Stück! **d** Das geht Sie wirklich gar nichts an! **e** Das tut mir leid. Daran habe ich noch gar nicht gedacht.

TEST 2

1 richtig: d
2 **b** in den Keller **c** Garten **d** keine großen Kartons hineinwerfen. **e** man das nicht ständig macht. **f** einmal pro Monat.
3 **Beispiel:** Sie liegt zwar mitten in der Stadt, ist aber trotzdem ruhig. Die Wohnung ist in einem kleinen Haus im Erdgeschoss. Es gehört auch ein Keller dazu. Sie hat zwar nur 2 Zimmer, aber ist 90 m² groß. Zum Glück gibt es nicht nur eine Badewanne, sondern auch ein Gäste-WC. Außerdem kann ich den Garten benutzen.
4 **b** aber im Kinderzimmer durften wir machen **c** Als Kinder mussten wir **d** War das bei euch auch so **e** wir durften weder selbst wählen
5 **b** Also das ist ja ein starkes Stück! **c** Könnten Sie vielleicht ...? **d** Ach wirklich?

Lektion 8

TEST 1

1 **b** Arbeitsatmosphäre **c** Elternabend **d** Liebesgedicht **e** Zusammenarbeit
2 **b** Einfluss **c** Grenzen **d** Beziehungen **e** Freundschaft **f** Distanz
3 **a** weil **b** obwohl, falls, **c** Falls
4 **b** Je schneller ich arbeite, desto früher kann ich in die Kantine gehen. **c** Je besser das Betriebsklima ist, desto seltener sind die Mitarbeiter krank. **d** Je mehr Gehalt ich bekomme, desto motivierter bin ich.
5 **a** Herrn **b** Praktikanten, Junge, Griechen
6 **b** Deutschen **c** Bekannte **d** Jugendlicher, Erwachsenen
7 **b** über den ich mich oft ärgere **c** in dem ich arbeite **d** von der ich erzählt habe **e** auf den ich immer warten muss
8 **b** falls du jemanden für meine Aufgaben findest **c** das wäre möglich **d** ich spreche gleich mal mit ihr
9 **b** könnte ich dir helfen. **c** dann können wir uns duzen. **d** können wir tauschen.

TEST 2

1 **b** falsch, über das Internet **c** richtig, als Verkäuferin. **d** falsch, macht Spaß. **e** falsch, hatten kein gutes Verhältnis zueinander.
2 richtig: b, d, e
3 **Beispiel:** Ich finde, dass Freundschaften im Job oft schwierig sind. Natürlich hilft man sich privat als Freund. Aber im Beruf muss man als Kollege klare Grenzen setzen. Du solltest Deiner Freundin Deine Situation erklären und sagen, dass Du selbst viel Arbeit hast. Als Kollegin hat sie dafür sicher Verständnis.
4 **b** Ich heiße **c** dann können wir uns gern duzen **d** Alles klar **e** sagen ... Du zueinander **f** Schön ... ich bin
5 **b** Ich habe selbst gerade viel zu viel zu tun. **c** Schade. **d** Vielleicht könnte ich dir helfen, falls du jemanden für meine Aufgaben findest. **e** Das geht leider nicht, weil kein anderer Kollege mehr da ist. **f** Tja, dann kann ich dir leider nicht helfen.

Lektion 9

TEST 1

1 **b** ein Programm herunterladen **c** den Startknopf drücken **d** einen Ordner mit der Maus anklicken **e** den Monitor am Rechner anschließen **f** auf der Tastatur tippen
2 **b** der Monitor **c** süchtig **d** der Wohnblock **e** der Salon
3 **b** tagelang **c** beschließen **d** Erfindung **e** Standpunkt
4 **b** während **c** Während **d** Nachdem **e** bevor

5 **b** Bevor ich den Rechner nutze, wähle ich ein Passwort. **c** Nachdem ich ein Passwort gewählt habe, installiere ich neue Programme. **d** Während ich die Programme installiere, trinke ich Kaffee. **e** Nachdem ich die Installation beendet habe, probiere ich den Rechner aus.
6 **a** sagst das so, als ob du auch gern ein neues Rad hättest **b** hörst dich an, als ob du gleich schreien würdest; tut so, als ob ich keine Ahnung hätte; scheint so, als ob dein Chef nicht besonders klug wäre
7 **b** Ich kann dich gut verstehen. **c** Darum kann ich mich kümmern. **d** Das kommt für mich nicht infrage. **e** Ich stimme dir zu.
8 von oben nach unten: 5, 2, 6, 3, 1, 4

TEST 2

1 **b** positiv **c** positiv **d** negativ **e** positiv
2 richtig: d, f, g
3 **Beispiel:** Ich habe den Eindruck, dass Deine Freundin kein Interesse an eurer Beziehung hat. Das finde ich unmöglich. An Deiner Stelle würde ich noch einmal über das Problem reden. Ich rate Dir, eine Woche abzuwarten. Hat sich dann etwas geändert? Falls ja: Dann ist das doch gut. Falls nein: Dann würde ich die Beziehung beenden. Viele Grüße
4 **b** Könnten Sie mir vielleicht sagen **c** Er tut so **d** Aber in Wirklichkeit **e** Ehrlich gesagt, würde ich **f** ich sehe das auch so **g** Das finde ich übertrieben

Lektion 10

TEST 1

1 **b** Limonade **c** Fotoapparat **d** Sieger **e** Snack **f** Gesicht **g** Pflaume **h** Handtuch **i** Fahrzeuge; Lösung: Forschung
2 **b** verbieten **c** der Umtausch **d** einfallen **e** die Reinigung **f** die Entwicklung
3 **b** gerecht **c** neulich **d** gratis **e** ausgezeichnet
4 **b** wo **c** was **d** wo **e** wo **f** was
5 **a** beruhigender, machende **b** fahrende, sprechendes, leuchtenden, auffallendes
6 **b** Die Bedingungen sind weder fair noch besonders günstig. **c** Bei dem Zelt stimmt sowohl die Größe als auch der Preis. **d** Bei dem Projekt überzeugt weder das Motto noch das Ziel. **e** Für den Umtausch benötigt man sowohl den Beleg als auch die Verpackung.
7 **b** Ach wirklich **c** Ich musste ... feststellen **d** ich kann verstehen **e** möchte ich noch anmerken **f** Da sehe ich ... nur eine Möglichkeit
8 **b** Das ist mir auch schon passiert. **c** Das kann man doch nicht machen. **d** Ach, wirklich? Unglaublich!

TEST 2

1 **b** richtig; abholen. **c** falsch; Portemonnaies und Kochgeschirr. **d** richtig; haben eine positive Wirkung **e** falsch; alle Zutaten für ein Gericht.
2 **b** HaJü68 **c** ElFrieda **d** SaraKA **e** ElFrieda **f** HaJü68
3 **Beispiel:** ich habe ein neues Gerät gefunden. Das ist einfach super. Stell Dir vor, es kann nicht nur (den Boden) wischen, sondern auch Fenster putzen. Es kann sowohl Kaffee kochen als auch Pizza backen. Und das Beste ist der Preis. Es kostet nur 99 Euro. Toll, oder? Viele Grüße
4 von oben nach unten: 3, 6, 2, 5, 1, 4, 7
5 **a** Selbstverständlich, das ist kein Problem **b** Ich bin wirklich sehr verärgert, das ist ja nicht zu glauben

Lektion 11

TEST 1

1 **b** loben **c** vorkommen **d** verhalten **e** vornehmen
2 **b** die Runde **c** das Gebiet **d** der ICE **e** die Flöte **f** das Plakat
3 **b** zählen **c** verspäten **d** bestrafen **e** das Missverständnis **f** zuschauen **g** die Flucht **h** die Aufforderung
4 **b** Aufforderung **c** Vorhersage/Vermutung **d** Vorsatz/Plan
5 **b** wirst ... überqueren **c** werde ... parken **d** werdet ... wegfahren **e** wird ... trinken
6 **b** denn **c** da **d** Aus diesem Grund **e** Deswegen **f** da
7 **b** Bei uns ist das auch so. **c** Können Sie nicht mal ein Auge zudrücken? **d** Bist du sicher? Das ist doch nicht realistisch. **e** Tut mir leid, das ist mir wirklich unangenehm.

TEST 2

1 **b** Moderatorin **c** Hr. Schwarz **d** Hr. Schwarz **e** Fr. Matthäus **f** Hr. Schwarz **g** Moderatorin
2 richtig: d, f
3 **Beispiel:** hiermit lege ich Einspruch gegen den Bußgeldbescheid (Aktenzeichen 63527) ein. Mir wird zur Last gelegt, dass ich zu schnell gefahren bin. Das will ich erklären. Ich hatte ein krankes Kind im Auto und musste es schnell ins Krankenhaus bringen. Das war also ein Notfall. Ich werde das Bußgeld deshalb nicht bezahlen. Mit freundlichen Grüßen
4 **b** doch keine Absicht! **c** überhaupt nicht infrage! **d** fest vorgenommen! **e** vollkommen recht! **f** nicht wieder vorkommen!
5 **b** ich wollte nur schnell **c** So schlimm ist das doch gar nicht **d** So geht das nicht mehr weiter **e** können Sie nicht mal ein Auge zudrücken

Lektion 12

TEST 1

1 **b** vorgestern **c** heimlich **d** egoistisch **e** zukünftig **f** beinahe
2 **b** die Feuerwehr **c** die Gesellschaft **d** klettern **e** ökologisch
3 **b** Kälte **c** Bürgerinitiative **d** Integration **e** Organisationen **f** Geduld
4 **b** Außer mir. **c** Außer dir. **d** Außer meinem Bruder. **e** Außer deinen Eltern.

5 b Ich habe viele Kontakte, seit ich in diesen Verein eingetreten bin. c Ich spreche viel mehr Deutsch, seit ich Tischtennis im Verein spiele. d Ich bekomme viel Unterstützung, seit ich Vereinsmitglied bin. e Ich bleibe in diesem Verein, bis ich in meine Heimat zurückkehre.
6 b indem c ohne dass d ohne dass
7 b Die Nachbarschaftshilfe bietet Unterstützung an, ohne dass man dafür bezahlen muss. c Unsere Nachbarin liest den Kindern vor, ohne dass wir sie gefragt haben. d Lisa kann stundenlang zuhören, ohne die Geduld zu verlieren.
8 von oben nach unten: 5, 2, 6, 3, 8, 1, 4, 7
9 a dass wir eine Lösung finden b was genau Ihr Problem ist c Ich habe da ein Problem d wenn ich gleich mit Werkzeug vorbeikomme

TEST 2

1 b richtig c falsch d richtig e falsch f richtig g falsch h falsch
2 b sie im Internet gefunden. c schnell Hilfsangebote bekommen. d geholfen, einen Schrank zu transportieren. e zu sich nach Hause f ihn bald besucht.
3 **Beispiel:** An Deiner Stelle würde ich nicht warten: Du hast keine Geduld! Mein Vorschlag wäre, die Wahrheit zu sagen. Du kannst Deinem Freund einfach erklären, was passiert ist. Sag ihm einfach, was du denkst. Ich habe schlechte Erfahrungen mit Geheimnissen in einer Beziehung gemacht.
4 b war mein Vorbild c Er ist sehr d Er hat ... oft e Am meisten hat mich beeindruckt f Ich wollte immer werden
5 jemanden um Hilfe bitten: Ich bin leider gerade in einer blöden Situation. Ich habe da ein Problem. Ich weiß nicht, was ich machen soll.; jemandem helfen: Ich habe da einen Vorschlag. Was ist denn genau Ihr Problem?

Lektion 13

TEST 1

1 b Reportage c fair d Gesetz e Macht, Streik f Zeichen
2 b körperlich c politisch d städtisch e örtlich
3 b Höchstgeschwindigkeit c Fortschritte d zu fördern. e töten.
4 b ist c wurde d ist e wurde
5 b Nach dem Krieg wurde Deutschland in vier Zonen geteilt. / Nach dem Krieg ist Deutschland in vier Zonen geteilt worden. c 1961 wurde in Berlin eine Mauer gebaut. / 1961 ist in Berlin eine Mauer gebaut worden. d Erst 1989 wurden die Mauer und die Grenze wieder geöffnet. / Erst 1989 sind die Mauer und die Grenze wieder geöffnet worden.
6 a tollerer b schnelleren, spannendste c größere, engagierteste d bekanntesten, größte
7 b Das kann ich nur ablehnen. c Das kann ich nur befürworten. d Das waren ein paar Informationen.
8 b bei uns c der Unterschied ist d im Gegensatz zu

TEST 2

1 b mit seinen Brüdern und einer Tante c oft ein Mädchen im Westteil der Stadt getroffen. d eine Überraschung. e Kontakt zu Maria aufzunehmen.
2 b Protest gegen den Mangel an Kita-Plätzen c Mehr Sicherheit für Radfahrer
3 **Beispiel:** bei uns ist das anders. Wir haben strengere Vorschriften. Rauchen ist im ganzen Gebäude verboten. Wer rauchen will, muss draußen rauchen. Meiner Meinung nach ist das auch gut so. Viele Grüße
4 von oben nach unten: 2, 7, 3, 6, 5, 1, 8, 4
5 b ganz meine Meinung c davon halte ich nicht viel d In diesem Zusammenhang finde ich wichtiger e Ich bin für f Das kann ich nur befürworten

Lektion 14

TEST 1

1 b Gebäck c Migration d Demokratie e Fläche f Zuwanderer g Kontinent h Zuhause
2 b die Fläche c integrieren d die Tradition e die Freiheit f braten
3 b Herkunftsland c Reisefreiheit d Bratpfanne e Kochtopf
4 b auf unser Wiedersehen. c über Essen. d von meinem neuen Rezept. e um unsere Eltern. f an unsere gemeinsame Kindheit.
5 b Worüber c Woran d Wovor e Womit f Wovon g Worauf
6 b daran c dafür, darüber d darüber, darauf e darum, dafür
7 b Mit ... verbinde ich c bedeutet für mich d Bei uns isst man gern e Das schmeckt f Eine Spezialität aus meinem Heimatland g Das ist ein Gericht

TEST 2

1 b Zwiebeln; gebraten. c Fisch; Nudeln. d Pizza; von sehr guter Qualität.
2 richtig: c, d, f
3 **Beispiel:** wir müssen unser Sommerfest planen. Welcher Termin passt Ihnen am besten? Vielleicht der 24. Juli oder der 16. August? Außerdem müssen wir noch Aufgaben verteilen. Wer kümmert sich um die Getränke? Wer kann Kuchen und Salate mitbringen? Und wer dekoriert? Viele Grüße
4 b denn wir haben kein Wort dafür c Ich komme aus d wo Kirgistan liegt e Das Land grenzt
5 b Eine Spezialität aus meiner Heimat ist ... c Damit verbinde ich ... d Ich erinnere mich noch gut an ...

Lektion 1

1

Und jetzt hören Sie Nachrichten aus der Region. In Feldkirchen sind auf der Bundesstraße 267 in der Nacht zum Sonntag drei Menschen bei einem Unfall mit zwei Autos schwer verletzt worden. Die Ursache ist noch unklar. Eventuell sind Tiere auf die Straße gelaufen.
Ein Fahrradfahrer ist am Samstagabend auf der Tauberbrücke unglücklich gestürzt und hat sich schwer verletzt. Fußgänger riefen einen Krankenwagen, der den jungen Mann in die Notaufnahme brachte. Er konnte das Krankenhaus aber einige Stunden später wieder verlassen. Schuld war wahrscheinlich eine Ölspur auf der Fahrbahn.
Am Samstagabend hat die Polizei in Neuenhorst einen Einbrecher festgenommen. Er wollte durch ein Fenster in ein Wohnhaus einsteigen. Dabei verletzte er sich so schwer, dass er laut nach einem Arzt rief und so die Nachbarn weckte. Die Nachbarn riefen die Polizei, die kurze Zeit später zusammen mit dem Notarzt kam.
Und nun das Wetter ...

Lektion 2

1

So, heute stelle ich euch also meine Lieblingsserie vor. Meine Lieblingsserie heißt „Vorstadtweiber". Sie kommt aus Österreich und wurde in Wien gedreht. Die Stadt ist toll und ich mag, wie die Menschen dort sprechen.
Okay, es gibt drei Teile von den „Vorstadtweibern" mit jeweils zehn Folgen, also insgesamt 30 Folgen. Ich habe die ersten beiden Teile gesehen und bin total begeistert. Die Serie lief zuerst 2015 in Österreich und dann auch in Deutschland im Fernsehen. Ich habe sie mir auf DVD gekauft, weil ich sie gern noch hundertmal sehen will.
Die Serie spielt in der heutigen Zeit – und, wie gesagt, in Wien. Sie handelt vom verrückten Alltag von fünf Frauen, die natürlich supergut aussehen. Die meisten von ihnen haben reiche Männer und verbringen ihre Zeit mit Shoppen und Kaffeetrinken. Die Frauen sind zwar miteinander befreundet, aber ihr Verhältnis ist ein bisschen schwierig. Ihre Männer machen dunkle Geschäfte, weil sie noch mehr Geld verdienen wollen.
Eigentlich ist keine von den Hauptfiguren wirklich nett. Im Gegenteil: Alle Charaktere sind irgendwie ziemlich böse. Sie tun zwar so, als würden sie anderen helfen, aber sie denken alle vor allem an sich selbst und wollen den größten Gewinn für sich.
Ach so: Es gibt auch einen Mord. Trotzdem würde ich sagen, dass es kein Krimi, sondern eine Komödie ist. Der Humor ist ein bisschen schwarz – okay, er ist sehr schwarz. Das muss man mögen. Ich finde es fantastisch. Auf jeden Fall sind die Dialoge wirklich witzig. Und die Schauspieler spielen unglaublich gut – und zwar alle.
Jede Folge besteht aus vielen kurzen Szenen, die zwischen den Hauptfiguren wechseln. Wie das alles zusammenpasst, weiß man am Anfang noch nicht. Das ist kompliziert und das macht es sehr spannend. So, und mehr will ich nicht verraten.

Lektion 3

1

a

Hallo, hier ist Simon Burg. Es tut mir leid, aber ich kann heute leider nicht zur Arbeit kommen. Ich bin krank und gehe gleich zum Arzt. Ich hoffe aber, dass ich bis morgen wieder fit bin. Ich melde mich heute Abend noch mal. Tschüs.

b

Hallo, Frau Hellwig, hier ist Anja Kraus aus dem Büro. Ich habe eben Ihre Nachricht gehört. Ach, das tut mir aber leid, dass Sie krank sind. Ich hoffe, Sie werden schnell wieder gesund. Auf jeden Fall wünsche ich Ihnen gute Besserung. Melden Sie sich, wenn ich was tun kann. Hoffentlich bis bald. Alles Gute – und denken Sie nicht so viel an die Arbeit, Frau Hellwig. Die Gesundheit ist wichtiger!

c

Hallo, Herr Hilde, hier ist Petra Fuchs. Ich komme heute erst später ins Büro, weil ich noch einen Termin in der Stadt habe. Ich habe ganz vergessen, dass wir die Einladungen zum Betriebsfest heute noch verschicken sollten. Wären Sie vielleicht so nett und würden die E-Mail schon einmal vorbereiten? Und könnten Sie auch eine Liste machen, was wir für das Fest noch einkaufen müssen? Danke. Bis später!

d

Hallo, Frau Meier. Hier spricht Paul Düse. Ich bin leider krank und kann heute nicht kommen. Aber wir haben im Geschäft so viel Arbeit. Vielleicht können Sie einige Aufgaben selbst übernehmen oder an die Kollegen verteilen? Zuerst sollte genau geprüft werden, ob die neue Ware in Ordnung ist. Sonst müssen wir sie so schnell wie möglich reklamieren und zurückschicken. Und ein weiterer wichtiger Punkt ist die Kasse, da muss ...

e

Hallo, hier ist Nina Steeger. Danke für die guten Wünsche. Ich war gerade beim Arzt. Leider kann ich ein paar Tage nicht arbeiten. Das ist wirklich doof, gerade jetzt, wo wir so viel Arbeit haben. Aber der Arzt hat mich eine ganze Woche krankgeschrieben. Die Krankmeldung ist auch schon in der Post. Sie kommt sicher morgen an. Und ich gehe jetzt mal ins Bett. Liebe Grüße.

Lektion 4

1

Tim: Hallo, Leonie!
Leonie: Hi, Tim! Alles klar?
Tim: Ja, ich gehe gerade zum Arabischkurs.
Leonie: Oh, du lernst Arabisch?
Tim: Ja, ich versuche es zumindest. Ich mache den Kurs für meine Arbeit.
Leonie: Spannend!
Tim: Ja, aber das ist wirklich nicht so leicht. Weißt du, die Schrift ist ja ganz anders und mit der Aussprache habe ich auch Probleme.
Leonie: Oje.
Tim: Und in zwei Wochen habe ich die Abschlussprüfung!
Leonie: Ach! Und wie lernst du für die Prüfung? Ich finde das immer schwierig.

Tim: Die Lehrerin in unserem Kurs hat viele gute Ratschläge für uns. Aber bei der Schrift muss ich einfach üben, üben und üben.
Leonie: Puh, das klingt anstrengend.
Tim: Ja! Ich habe auf jeden Fall gemerkt, dass ich morgens viel besser lernen kann als nachmittags oder abends. Und es geht auch leichter, wenn ich stehe oder gehe.
Leonie: Ah, das ist ja interessant. Und jetzt lernst du beim Joggen?
Tim: Na, das nun nicht gerade. Ich mache die Übungen zum Hören und Sprechen am liebsten beim Spazierengehen. Wenn ich sitze, dann dauert es viel länger. Witzig, oder?
Leonie: Ja, sehr! Bei mir ist das anders. Ich lerne am besten im Sessel mit Musik. Und ich brauche immer Bilder. Deshalb mache ich mir kleine Karten, wenn ich Wörter lerne, und male passende Bilder dazu.
Tim: Ja, das habe ich auch schon versucht. Ich habe die ganze Wohnung voller Zettel gehängt. Mir macht es auch Spaß, solche Zettel zu schreiben. Aber wenn sie dann mal hängen, schaue ich nicht mehr drauf. Das hilft mir also nicht wirklich.
Leonie: Lernst du denn gern mit anderen zusammen?
Tim: Hm, es geht. Eigentlich nicht. Im Kurs ist das okay. Aber wenn ich für eine Prüfung lernen muss, würde ich mir keine Lerngruppe suchen. Ich kann mich besser konzentrieren, wenn ich allein bin.
Leonie: Ach, Arabisch, toll! Wenn ich mehr Zeit hätte, würde ich auch gern noch mal eine neue Sprache lernen.
Tim: Fang doch einfach mal mit einem Kurs an.
Leonie: Und dann machen wir zusammen eine Lerngruppe.
Tim: Hilfe!

Lektion 5

1

Frau Kolle: Guten Tag, Kolle mein Name. Und Sie sind Herr Branković, richtig?
Herr Branković: Ja, genau. Guten Tag, Frau Kolle
Frau Kolle: Danke, dass Sie sich bei uns beworben haben.
Herr Branković: Ja, ich habe Ihre Anzeige im Internet gesehen und dann sofort meine Unterlagen geschickt. Ich habe mich sehr über Ihren Anruf gefreut.
Frau Kolle: Warum möchten Sie denn bei uns arbeiten?
Herr Branković: Ich beende gerade meine Ausbildung als Werkzeugmechaniker und möchte danach gern möglichst schnell Berufserfahrung sammeln. Ihre Firma arbeitet ja schon sehr lange erfolgreich in diesem Bereich. Ich kann mir gut vorstellen, dass ich bei Ihnen viel lernen kann.
Frau Kolle: Das heißt, Sie haben noch gar keine Berufserfahrung?
Herr Branković: Ich habe vor meiner Ausbildung ein Praktikum bei der Firma Wemeta gemacht. Und in meiner Heimat in Serbien habe ich als Schüler in der Autowerkstatt meines Onkels gearbeitet. Während meiner Ausbildung habe ich auch viele praktische Erfahrungen gesammelt.
Frau Kolle: Und warum haben Sie sich gerade für diese Ausbildung entschieden?
Herr Branković: Ich habe schon immer gern mit den Händen gearbeitet. Und es macht mir Spaß, besonders sorgfältig zu arbeiten. Außerdem finde ich es interessant, mit verschiedenen Materialien umzugehen.
Frau Kolle: Aha. Und wann sind Sie mit Ihrer Ausbildung fertig?
Herr Branković: Ende des Monats.
Frau Kolle: Und danach möchten Sie sofort bei uns anfangen?
Herr Branković: Ja, das wäre wunderbar.
Frau Kolle: Ihr letztes Zeugnis war ja nicht ganz so gut ...
Herr Branković: Wenn Sie möchten, kann ich gern einen Tag hier arbeiten und Sie überzeugen sich selbst von meinen Leistungen.
Frau Kolle: Sie sind ja wirklich sehr motiviert. Das gefällt mir. Ja, das ist keine schlechte Idee. Wissen Sie, ich bin zwar die Chefin, aber die Kolleginnen und Kollegen müssen ja täglich mit Ihnen zusammenarbeiten. Das muss dann schon passen. Darum ist es gut, wenn Sie sich mal kennenlernen. Meine Sekretärin meldet sich Anfang der Woche bei Ihnen, dann können Sie einen Termin vereinbaren.
Herr Branković: Oh, gut. Danke.
Frau Kolle: Haben Sie denn sonst noch Fragen?
Herr Branković: Ja, wie groß ist denn das Team, in dem ich dann arbeiten würde?
Frau Kolle: In der Abteilung, für die wir neue Mitarbeiter suchen, arbeiten im Moment zehn Mechanikerinnen und Mechaniker. Die meisten von ihnen sind schon sehr lange bei uns. Sie wären dort wahrscheinlich der Jüngste.
Herr Branković: Ah, okay. Und wie ist es mit ...

Lektion 6

1

Moderator: Hallo, liebe Zuhörerinnen und Zuhörer. Ich begrüße Sie recht herzlich zu unserer Sendung „Beruf aktuell". Nicht jeder geht morgens gern zur Arbeit. Manchmal sind es die Kollegen oder der Chef, manchmal die Aufgaben, die dafür sorgen, dass uns die Arbeit keinen Spaß macht. Wir möchten uns ein bisschen genauer mit dem Thema „Unzufrieden im Beruf?" beschäftigen. Ich habe dazu heute zwei Gäste ins Studio eingeladen.

Frau Dr. Hahn ist Psychologin. Sie arbeitet an der Universität Kassel und untersucht dort seit ein paar Jahren die Gründe für Unzufriedenheit im Beruf. Hallo, Frau Dr. Hahn! Schön, dass Sie hier sind.

Frau Hahn: Guten Tag! Danke für die Einladung!

Moderator: Mein zweiter Gast ist Martin Kurz, er arbeitet als Berufsberater bei der Agentur für Arbeit in Hildesheim.

Herr Kurz: Hallo!

Moderator: Herr Kurz, womit sind die Menschen, die zu Ihnen in die Beratung kommen, denn vor allem unzufrieden?

Herr Kurz: Das ist natürlich ganz unterschiedlich. Viele sind unzufrieden mit ihren Arbeitszeiten. Sie wären gern flexibler. Andere sind unglücklich, weil ihre Kompetenzen an ihrem aktuellen Arbeitsplatz nicht genutzt werden.

Moderator: Können Sie ein Beispiel dafür nennen?

Herr Kurz: Sicher. Wenn ich zum Beispiel eine Menge Ideen habe, wie man die Arbeit angenehmer machen kann und sich niemand dafür interessiert, dann ist das nicht gut für meine Motivation. Dann habe ich schnell keine Lust mehr.

Moderator: Wie wichtig ist denn eine gute Stimmung am Arbeitsplatz, Frau Dr. Hahn?

Frau Hahn: Unsere Untersuchungen zeigen: Wenn das Verhältnis zur Chefin oder zum Chef und den Kollegen stimmt, dann ist ein großer Teil der Arbeitnehmerinnen und Arbeitnehmer zufrieden. Wer einen Chef mit guten kommunikativen Kompetenzen hat, fühlt sich meistens wohl bei der Arbeit, auch wenn die Tätigkeiten vielleicht sogar langweilig sind.

Moderator: Und welche Rolle spielt das Gehalt? Ich denke, es ist gut für die Stimmung, wenn das Gehalt über dem Durchschnitt liegt, oder?

Frau Hahn: Unsere Untersuchungen bestätigen das nicht. Es ist wohl so, dass das Gehalt nicht so oft für Unzufriedenheit sorgt, wie man vielleicht denkt. Andere Faktoren – wie Flexibilität und Toleranz am Arbeitsplatz – sind viel wichtiger.

Moderator: Ach, wirklich? Das hätte ich nicht gedacht. Es gibt ja viele Wege, mit der eigenen Unzufriedenheit umzugehen. Herr Kurz, was raten Sie denn den Menschen, die zu Ihnen kommen?

Herr Kurz: Das kommt natürlich auf die Situation an. Nicht immer ist die Suche nach einer neuen Arbeit der richtige Weg. Oft finden wir im Gespräch auch Möglichkeiten, die aktuelle Situation am Arbeitsplatz zu verbessern. Auch der Weg in die Selbstständigkeit kann eine Möglichkeit sein, wenn man zum Beispiel schon eine passende Geschäftsidee hat. Es ist auf jeden Fall wichtig, dass man sich gut beraten lässt.

Moderator: Danke erst einmal für diese Antworten. Nach den Verkehrsmeldungen geht es weiter mit Ihren Fragen, liebe Zuhörerinnen und Zuhörer, rufen Sie an unter der Nummer ...

Lektion 7

1

Marc: Hallo, Jasmin. Schön, dich zu sehen. Alles in Ordnung? Du siehst ziemlich genervt aus.

Jasmin: Hi, Marc. Ja, bin ich auch. Meine Nachbarin geht mir wahnsinnig auf die Nerven.

Marc: Wieso, was macht sie denn?

Jasmin: Ach, alles Mögliche. Ich weiß gar nicht, wo ich anfangen soll. ... Sie grüßt mich zum Beispiel nicht, wenn wir uns im Treppenhaus begegnen. Das ist so eine Frechheit. Ich sage freundlich „Guten Tag" und sie schaut mich nicht einmal an.

Marc: Wie doof!

Jasmin: Ja, außerdem streitet sie fast jeden Abend mit ihrem Mann und schreit ihn und ihre Kinder an. Das ist wirklich peinlich.

Marc: Oh!

Jasmin: Ja, die Kinder tun mir besonders leid – mit der Mutter. Dabei sind sie wirklich lieb. Miriam würde auch gern mal mit ihnen spielen. Wir haben sie auch schon zu uns eingeladen, aber die Mutter will das natürlich nicht. Miriam kann nur mit den Kindern spielen, wenn sie im Garten sind. Aber auch dann guckt die Nachbarin immer ganz genau, was da wohl passiert.

Marc: Das ist ja merkwürdig. Hast du schon mal versucht, mit ihr zu reden?

Jasmin: Reden? Sie sagt ja nicht mal „Guten Tag".

Marc: Vielleicht fühlt sie sich ja nicht wohl oder hat andere Probleme.

Jasmin: Daran habe ich auch schon gedacht. Aber das ist doch kein Grund, so unhöflich zu sein. Gestern Abend zum Beispiel: Ich hatte morgens ein Paket für sie angenommen und abends ist sie gekommen, um es abzuholen. Sie hat nur gesagt: „Sie haben ein Paket für mich." Ich habe es ihr gegeben und sie hat nicht einmal „Danke" gesagt. Hätte ich das Paket doch gar nicht angenommen! Dann hätte ich mich auch nicht geärgert.

Marc: Sag mal, warum regst du dich eigentlich so darüber auf?

Lektion 8

1

a

Mann: Siehst du die Frau da vorne? Das ist die Kollegin, mit der ich mich letzte Woche gestritten habe.

Frau: Oh, sie sieht aber ganz nett aus. Ist das nicht auch die Kollegin, mit der du ein Büro teilst?

Mann: Nein, das ist eine andere.

Frau: Warum habt ihr denn gestritten?

Mann: Sie wollte, dass ich ihre Aufgaben auch noch übernehme. Sie ist einfach total langsam. Weißt du, jemand, auf den man immer warten muss. Aber das ist ja nicht mein Problem. Ich habe selbst wirklich genug zu tun.

b
Frau: Oh.
Mann: Was ist los?
Frau: Siehst du den Mann mit dem grauen Mantel dort hinten?
Mann: Meinst du den, der sich so laut mit seiner blonden Freundin unterhält?
Frau: Ja, genau. Das ist der Typ, mit dem ich ins Kino gegangen bin.
Mann: Ach, der, den du vor ein paar Wochen über die Online-Partnersuche kennengelernt hast und der dann ...
Frau: Sag mal, musst du so laut reden?
c
Frau: Nee, das gibt es doch nicht! Siehst du die Familie da hinten?
Mann: Das Paar mit den zwei Kindern, die sich gerade streiten?
Frau: Ja. Die Frau arbeitet in der Bäckerei am Markt.
Mann: Ah, das ist die Verkäuferin, über die du dich gestern so geärgert hast, weil sie so unfreundlich war, richtig?
Frau: Genau! Sie sieht aber auch wirklich unzufrieden aus.
Mann: Na ja, der Mann wirkt auch nicht gerade glücklich. Da habe ich es besser!
Frau: Allerdings!
d
Mann: Und das ist übrigens die Kollegin, mit der ich mich seit gestern duze. Sie heißt Katrin.
Frau: Oh, zeig mal das Foto. ... Ach, die sieht aber nett aus.
Mann: Ja, ist sie auch. Sie ist sehr witzig und total zuverlässig. Kein Vergleich zu Frau Schmidt damals. Die hatte ja fast immer schlechte Laune.
Frau: Stimmt, über die hast du dich oft geärgert. Sollen wir Katrin denn mal zum Essen einladen?
Mann: Ja, gute Idee.
e
Mann: Da vorne ist übrigens die Firma, in der ich bald arbeite.
Frau: Oh, ich wusste gar nicht, dass du gekündigt hast.
Mann: Ja, ich war an meinem alten Arbeitsplatz nicht mehr zufrieden. Ein Chef, mit dem man nicht reden kann und den niemand gut findet ... Kollegen, die sich alle nicht mögen und schlecht voneinander sprechen ... Das ging einfach nicht mehr.
Frau: Ja, das verstehe ich.
Mann: Die Firma, bei der ich jetzt anfange, hat einen guten Eindruck auf mich gemacht. Die Mitarbeiter wirken alle sehr zufrieden. Und das Gehalt stimmt auch.

Lektion 9
1
a
Moderator: Hallo, liebe Zuhörerinnen und Zuhörer. Herzlich willkommen zu unserer Sendung „Digitale Welt". Heute ist unser Thema „Autos ohne Fahrer". Und dazu möchte ich Ihre Meinung hören. Fahren in Zukunft die Autos selbst? Und freuen Sie sich darüber oder beobachten Sie diesen Trend eher mit Sorge? Rufen Sie an.
Herr Bauer: Hallo, mein Name ist Dieter Bauer. Ich habe Angst vor diesem Trend. Ich kann mir nicht vorstellen, dass Autos so gut fahren können wie Menschen. Man muss beim Autofahren viele Entscheidungen treffen. Ich glaube einfach nicht, dass ein Computer das alles kann. Es ist viel zu gefährlich, da nur auf Computer zu vertrauen.
b
Ja, hallo, hier spricht Annika Wilde. Ich finde es toll, wenn ich in Zukunft nicht mehr selbst fahren muss. Ich finde Autofahren sehr anstrengend. Mein Auto kann heute schon selbst einparken. Das ist wahnsinnig praktisch. Ich spare damit viel Zeit und vor allem Nerven. Für mich hat ein Auto, das selbst fährt, nur Vorteile.
c
Mein Name ist Bernd Hagen. Ich sehe das durchaus positiv. Die Technik wird immer besser. Computer können heute schon viel, viel mehr als noch vor ein paar Jahren. In naher Zukunft wird es kein Problem mehr sein, ein Auto zu bauen, das allein fahren kann. Natürlich ist das neu und macht uns vielleicht ein bisschen Angst. Aber war das nicht genauso, als die ersten Menschen in ein Flugzeug gestiegen sind?
d
Ich heiße Lisa Fackel und sehe das mit Sorge. Bevor es Navigationsgeräte gegeben hat, konnten wir alle Straßenkarten lesen – zumindest ein bisschen. Heute kenne ich viele Menschen, die gar nicht mehr wissen, wie sie ohne Navigationsgerät zurechtkommen. Ich befürchte einfach, dass wir Menschen immer mehr Kompetenzen an Computer abgeben – und dann am Ende immer weniger können.
e
Hallo, hier spricht Nils Radeberger. Tja, auch ich habe zwar etwas Sorge vor den Autos, die selbst fahren. Aber ich muss ganz klar sagen, dass Computer in der Regel weniger Fehler machen als Menschen. Autofahren ist eine komplizierte Sache. Man muss gut aufpassen, schnell reagieren und viele Entscheidungen treffen. Das sind alles Dinge, die ein Computer gut kann. Vielleicht besser als wir Menschen.

Lektion 10
1
a
Achtung, eine Durchsage. Der kleine Sami möchte aus dem Spieleparadies abgeholt werden. Die Eltern des kleinen Sami werden gebeten, zum Spieleparadies im Erdgeschoss zu kommen. Ihr Sohn möchte abgeholt werden.

b
Liebe Kundinnen und liebe Kunden! Bitte beachten Sie, dass unser Kaufhaus in 20 Minuten schließt. Ich wiederhole: Unser Kaufhaus schließt in 20 Minuten. Bitte gehen Sie langsam in Richtung Kasse und holen Sie Ihre Ware am Schalter ab. Unsere Mitarbeiterinnen und Mitarbeiter helfen Ihnen sowohl beim Verpacken als auch beim Transport zu Ihrem Auto. Unsere Parkhäuser sind übrigens noch bis 20.30 Uhr geöffnet.
c
Liebe Kundinnen und liebe Kunden! Bitte beachten Sie unsere Sonderangebote. In der Taschen- und Kofferabteilung im zweiten Obergeschoss präsentieren wir Ihnen heute hochwertige Damen- und Herrengeldbörsen zu besonders günstigen Preisen. Auch in unserer Haushaltsabteilung im Erdgeschoss finden Sie super Angebote – sowohl für Kochtöpfe als auch für Pfannen. Zögern Sie nicht und sparen Sie bis zu 30 Prozent. Die Angebote gelten nur heute!
d
Liebe Kundinnen und liebe Kunden! Heute laden wir Sie in unserem Café im dritten Obergeschoss zu wohltuenden und beruhigenden Kräutertees ein. Probieren Sie kostenlos eine Tasse Tee Ihrer Wahl. Die Auswahl ist groß und viele Tees sind heute im Sonderangebot. Sie sparen bis zu 40 Prozent. Kräutertees eignen sich hervorragend – sowohl als Geschenk für Ihre Lieben als auch als Geschenk für Sie selbst. Genießen Sie damit immer wieder eine Ruhepause im Alltag. Also: Bis gleich im dritten Obergeschoss.
e
Liebe Kundinnen und liebe Kunden! Sie wissen noch nicht, was Sie am Wochenende essen möchten? Sie haben weder die Zeit noch Ideen, um einen Plan zu machen? Dann kommen Sie in unsere Lebensmittelabteilung im Erdgeschoss. In unserem neuen Kühlregal finden Sie fertige Kochpakete für die ganze Familie – mit den passenden Zutaten. Einfacher geht es nicht. Nur kochen müssen Sie noch selbst. Viel Spaß dabei!

Lektion 11

1

Moderatorin: Hallo, liebe Zuhörerinnen und Zuhörer. Herzlich willkommen zu unserer Sendung „Rundschau". Heute haben wir ein ganz besonderes Thema: Wir stellen Ihnen spannende Projekte zur Integration vor. Die Zahl der Menschen, die nach Europa kommen, wächst. Viele Menschen sind auf der Flucht vor Krieg nach Deutschland gekommen. Zahlreiche Städte bieten Aktionen an, damit die Menschen ihre neue Heimat kennenlernen und sich wohlfühlen. Dazu habe ich zwei Gäste aus Niederdorf im Studio, die seit Längerem Menschen aus aller Welt willkommen heißen. Hildegard Matthäus arbeitet in einem Projekt, in dem interkulturelle Kochabende organisiert werden. Schön, dass Sie hier sind, Frau Matthäus.

Frau Matthäus: Ja, danke, dass ich hier sein darf!

Moderatorin: Mein zweiter Gast ist Stefan Schwarz, er ist Mitglied der sogenannten Willkommensgruppe in Niederdorf. Hallo, Herr Schwarz!

Herr Schwarz: Hallo!

Moderatorin: Herr Schwarz, die Willkommensgruppe ist eine Gruppe von Leuten, die sich um Menschen kümmert, die neu in der Stadt sind. Was bieten Sie genau an?

Herr Schwarz: Wir haben Material in zehn Sprachen zusammengestellt, das alle wichtigen Informationen rund um das Leben in unserer Stadt enthält. Außerdem beraten wir. Wer ein Problem hat, kann uns anrufen oder schreiben oder in unsere Sprechstunde kommen.

Moderatorin: Viele Menschen haben ja Angst, bei Behörden etwas falsch zu machen. Zum Beispiel, weil sie vielleicht noch nicht so gut Deutsch sprechen ...

Herr Schwarz: Ja, das Problem kennen wir. Dafür haben wir einige Dolmetscher in unserem Team. Sie begleiten Menschen, die Sorgen haben und Hilfe brauchen, zu Terminen in Behörden.

Moderatorin: Frau Matthäus, Ihr Projekt wirkt eher im privaten Bereich. Erzählen Sie doch mal.

Frau Matthäus: Ja, na ja, die meisten Menschen essen ja gern. Und viele sind neugierig auf das Essen aus anderen Kulturen. Und beim Kochen und Essen kann man sich gut unterhalten. Darum organisieren wir regelmäßig Kochtreffs.

Moderatorin: Wie sieht das genau aus? Wer kocht für wen?

Frau Matthäus: Das ist ganz unterschiedlich. Entweder laden Familien aus Niederdorf drei oder vier internationale Gäste zu sich nach Hause ein und kochen für sie, oder die Familien – es können natürlich auch Paare oder Einzelpersonen sein – stellen ihre Küche zur Verfügung und die internationalen Gäste kochen. Oft passiert auch beides: Zuerst laden die Niederdorfer ein und die Gruppe vereinbart dann sofort einen neuen Termin, an dem ein anderer kocht. Alle, die an so einem Kochtreff schon einmal teilgenommen haben, berichten, dass sie viel über die andere Kultur gelernt haben – und natürlich viel Spaß hatten.

Herr Schwarz: Vielleicht darf ich noch etwas ergänzen: Unsere Gruppe bietet auch Führungen durch die Stadt an. Das sind keine normalen Stadtführungen. Die Niederdorfer stellen Orte in der Stadt vor, die für sie persönlich im Alltag wichtig sind. Wo findet man was? Wo ist es besonders schön? Wo kann man günstig einkaufen? Bei diesen Touren kommen die Menschen miteinander ins Gespräch. Das ist ganz wichtig.

Moderatorin: Vielen Dank erst einmal. Vielleicht haben Sie, liebe Zuhörerinnen und Zuhörer, auch noch Fragen oder Ideen zu den vorgestellten Projekten. Oder Sie möchten selbst ein solches Projekt gründen und brauchen Hilfe dafür? Dann rufen Sie an. Meine Gäste sind noch bis 20 Uhr im Studio und beantworten gern Ihre Fragen. Die Nummer ist wie immer 06 …

Lektion 12

1

Mann: Schön, dass Sie sich für unseren Verein interessieren. Wenn Sie möchten, erkläre ich Ihnen gleich mal, was wir so machen.

Frau: Ja, gern!

Mann: Unseren Verein gibt es schon seit über zehn Jahren. Wir helfen jungen Menschen, einen Ausbildungsplatz zu finden. Das ist ja heute gar nicht mehr so leicht. Jeder, der bei uns mitmacht, betreut einen oder mehrere Jugendliche für eine bestimmte Zeit. Wir gehen dafür in die Schulen und sprechen mit den jungen Menschen, die kurz vor Ende ihrer Schulzeit sind.

Frau: Wissen die jungen Leute denn, was sie mal beruflich machen wollen?

Mann: Nein, nicht alle. Das wäre auch eine von Ihren Aufgaben. Sie könnten mit den Jugendlichen Ideen entwickeln. Sie helfen ihnen herauszufinden, was sie interessiert und ihnen Spaß machen könnte.

Frau: Wie viel Zeit brauche ich denn dafür?

Mann: Wenn Sie nur einen jungen Mann oder eine junge Frau betreuen, brauchen Sie nicht viel mehr als zwei Stunden in der Woche. Sie unterstützen sie bei der Suche nach einem Ausbildungsplatz und beim Schreiben der Bewerbungsunterlagen. Und wenn alles gut läuft, machen Sie sie fit für ein Vorstellungsgespräch.

Frau: Oh, das habe ich noch nie gemacht.

Mann: Das ist kein Problem. Sie haben ja viel praktische Erfahrung aus Ihrem Berufsleben. Sie wissen doch sicher, was Arbeitgebern gefällt und was nicht. Sie beraten die Jugendlichen, indem Sie Ihre jahrelange Erfahrung nutzen. Außerdem gibt es für alle, die sich bei uns engagieren, immer wieder Fortbildungen. Wenn Sie zum Beispiel an einem Kurs zum Thema „Bewerbungen" interessiert sind, können wir das organisieren. Die Teilnahme ist für Sie natürlich kostenlos.

Frau: Ach, das ist interessant. Wie groß ist denn das Team?

Mann: Bei uns arbeiten im Moment 24 ehrenamtliche Kräfte. Die meisten von ihnen sind schon seit einigen Jahren dabei. Wenn Sie Lust und Zeit haben, dann kommen Sie doch am Freitagabend in den Gasthof Breuer. Wir treffen uns da und reden ein bisschen über unsere Fälle. Vielleicht bekommen Sie dann noch einen besseren Eindruck von unserer Arbeit.

Frau: Ach ja. Das ist eine gute Idee.

Mann: Dann bis Freitag? Wir sind ab 19 Uhr da.

Frau: Gut, dann sehen wir uns am Freitag. Danke.

Lektion 13

1

Liebe Damen und Herren, vielen Dank, dass Sie mich eingeladen haben, hier in Ihrem politischen Erzähl-Café zu sprechen. Mein Thema ist heute der Bau der Berliner Mauer im August 1961.
Sie haben in der letzten Woche ja schon einiges dazu gehört. Sie kennen also die Hintergründe. Ich erzähle Ihnen heute ganz persönliche Erlebnisse meines Vaters, die mit dem Bau der Mauer verbunden sind. Mein Vater wohnte damals mit seinen beiden Brüdern bei einer Tante im Ostteil der Stadt Berlin. Mein Großvater, der Vater meines Vaters, hat im Krieg gekämpft und ist nicht mehr nach Hause gekommen. Wir wissen nicht, was mit ihm passiert ist. Meine Großmutter wurde 1943 bei einem Bombenangriff getötet. Diese Zeit war sehr schwer für meinen Vater und seine Brüder – sie waren ja noch Kinder.
Als die Mauer gebaut wurde, war mein Vater 22 Jahre alt – und frisch verliebt. Er hatte ein Mädchen aus Westberlin kennengelernt. Maria und er trafen sich regelmäßig in einem Park im Westen der Stadt. Im August 1961 war sie mit ihren Eltern zu Verwandten nach Süddeutschland gefahren. Darum war mein Vater ein paar Tage nicht mehr im Westen. Dann erfuhr er vom Bau der Mauer. Er dachte, dass das nicht sein kann. Was soll das, eine Mauer mitten in einer Stadt? Und plötzlich hat er große Angst bekommen. Wie sollte er Maria jetzt wiedersehen? Er ist jeden Tag zur Mauer gegangen, hat sich auf einen Stuhl gestellt und ein Schild hoch gehalten. Auf dem Schild stand: „Wenn Du das liest, Maria, dann ruf laut meinen Namen. Ich liebe dich." Das hat er drei Wochen lang gemacht. Und er hat viele Briefe geschrieben. Aber es kam keine Reaktion. Er hat überlegt, in den Westen zu fliehen. Aber das war sehr gefährlich. Seine Brüder wollten auf jeden Fall in Ostberlin bleiben. Und er wollte das Risiko nicht allein eingehen.
Er war wahnsinnig traurig und verzweifelt. Zwei Monate später bekam er einen Brief von Maria. Ihre Eltern hatten vom Bau der Mauer in Berlin gehört und entschieden, in Süddeutschland zu bleiben. Er hat Maria nie wiedergesehen und später eine andere Frau geheiratet, meine Mutter. Danke für Ihre Aufmerksamkeit.

Lektion 14

1

a

Frau: Was kochst du heute?

Mann: Mein Lieblingsessen – eine Spezialität aus meiner Heimat. Eine Suppe mit Reis und Gemüse. Man könnte auch Fleisch hinzufügen.

Frau: Das klingt nach vielen Zutaten.
Mann: Nein, das ist ganz einfach. Man kann jedes Gemüse nehmen, das man hat. Dann braucht man nur ein paar Gewürze – und fertig.
Frau: Gibt es keinen Trick beim Zubereiten?
Mann: Doch, die Suppe muss auf jeden Fall lange kochen, erst dann schmeckt sie richtig gut. Auch kalt.

b
Mann: Was isst du da?
Frau: Ein Gericht aus meiner Heimat. Das hat meine Mutter immer gekocht.
Mann: Was ist denn da drin?
Frau: Das ist natürlich geheim.
Mann: Manno!
Frau: So viel kann ich verraten: Du brauchst Kartoffeln, Zwiebeln und Knoblauch.
Mann: Und wird dann alles zusammen gebacken?
Frau: Nein, in einer Pfanne gebraten. Willst du mal probieren?

c
Mann: Was machst du da?
Frau: Ich mache einen Salat.
Mann: Ist das eine Spezialität aus deinem Heimatland?
Frau: Nein, das ist ein Fantasierezept. Man braucht Nudeln, Fisch und ein paar Kräuter.
Mann: Kein Gemüse?
Frau: Nö, nicht unbedingt.

d
Frau: Mmh, das sieht aber lecker aus.
Mann: Ja, ist es auch. Das ist ein altes Rezept von meinem Großvater, es heißt Spezialkuchen à la Christos.
Frau: Aber ... Das sieht aus wie eine ganz normale Pizza.
Mann: Ja, so kann man das auch nennen. Aber man braucht ganz bestimmte Zutaten und Gewürze. Allein für den Teig braucht man ein spezielles Öl – das gibt es nur in Griechenland – und besonders gutes Mehl.
Frau: Oh, das klingt interessant. Darf ich mal probieren?